UN214679

女性の未来に大学ができること

大学における人材育成の新境地

安齋　徹
ANZAI, Toru

樹 村 房

はじめに

　「女性の未来に大学ができること」，それは無限にあるというのが本書のメッセージです。女性の活躍推進は成長戦略の中核に位置づけられ，関連するニュースや記事を見聞しない日はないほどです。しかし，現状において，女性管理職比率は低く，男女の賃金差も大きいままです。出産・育児期に退職する女性は減ってきたものの，性別役割分業に根ざした意識も残存し，日本の女性の活躍は未だ限定的であると言わざるを得ません。国際的にみても立ち遅れている女性の活躍を推進するには，社会や企業での啓発や実践のみならず，教育現場での取り組みも重要であり，とりわけ女子大学が果たすべき役割は大きいと考えています。

　筆者は28年間にわたり企業に勤務し，営業・企画・事務・海外・秘書・人事・研修等国内外で多彩な業務を経験しました。働きながら，大学院に通い，修士（社会デザイン学），博士（学術）の学位を取得しました。企業にいた頃は，正直，大学への不信感がありました。最近の若者は素直だけれどどこか覇気が足りないと感じることもたまにあり，大学には「もっと真摯に教育して欲しい」と憤りを感じていたりもしました。2012年に縁あっていざ大学教員に転身し，この5年間あまり，七転八倒しながらも，「こんな大学があったらいいな」という煉瓦を，たまに修復しつつ，少しずつ積み上げてきたような気がします。

　大学教員になって気づいた一番大きな発見は，学生には無尽蔵の可能性が秘められているということです。大学も企業も学生や若手社員の持っているチカラを低く見積もり過ぎているかもしれません。こちらが授けること以上に学生から学ぶことがたくさんあります。学生の好奇心，向上心，創造力，心遣い，粘り強さ，ひたむきさ，純真さには限界がありません。

　例えば，こんなことがありました。4年生最後の晴れ舞台（コンテストの決勝大会）でそれまで留学や体調を壊して出番のなかったゼミ生にどうしてもプ

レゼンテーターをさせたいと懇願する学生に，不安げな二人を見て「本当にいいのか」と問いただしたところ「先生，私達のゼミは得手不得手ではなく，皆で乗り越えて来たのです。だから最後のプレゼンはあの二人でないと駄目なんです」と真顔で訴えられました。ゼミ生の誕生日ごとに作った替え歌と学園祭で踊ったラブライブのパフォーマンスを披露するために講堂を貸し切り「ゼミライブ」を開きたいという学生に「誰のために開くのか」とふと聞いてしまいましたが，後になって盛大な「ゼミライブ」が実は教員への恩返しであったと気づかされたこともありました。初めて案件リーダーを務め，入念な準備と渾身のプレゼンテーションをしたにもかかわらず学外コンテストで入賞を逃した学生は「正直言って悔しい。次は絶対に負けたくない。これまでリーダーになることから逃げてきたが，リーダーがこんなに大変だとは思わなかった。皆がリーダーの時も全力で協力する」と「悔し涙」と共に語りました。

　企業と大学を行き来した経験を活かし，企業社会と大学教育の「かけはし」として，大学教育の新たなあり方を伝えたい，という思いが執筆の動機です。教育に正解はなく，まだまだ試行錯誤は続きますが，大学教員として5年間でたどり着いた「中間報告」をいったんまとめたのが本書です。筆者が日々創意工夫を凝らしながら実践している女子大学における人材育成の取り組み事例を紹介すると共に，未来を切り拓く人材育成に向けたモデルの提示を試みます。

　想定する読者は①大学関係者，②企業の人事担当者，そして③社会人の女性です。

　①大学の教職員には，こんな教育の仕方もあるのだという方法論を提示します。昨今，GPA の導入，ナンバリングの導入，大学経営のガバナンス強化など様々な施策が導入されていますが，学生と向き合う教育の「現場」こそが舞台です。無限の可能性を秘めた学生の力を存分に引き出し，未来を切り拓く女性を育成していくカタチをお示しします。

　②企業の採用担当者や研修担当者には，人材育成の手法をお示しします。企業の新入社員研修や女性の活躍を後押しする研修も日進月歩で進化を遂げていることと思いますが，企業で人事や研修を担当したこともある大学教員として，

将来社会で活躍することを念頭に学生が大学時代にこんな知識を習得し，こんな技能を身につけ，こんな経験を積むことができたらいいのではないかと吟味しながら，時間をかけて骨太の人間教育に取り組んでいます。企業と大学では教育に関する制約条件が異なりますからそのまま適用できる訳ではありませんが，その一端は，企業における人材育成で女性に伝授すべきチカラにも相通ずるものがあるはずです。

そして③さまざまな分野で活躍中の女性には，スキルアップのための知識と技法を伝授します。女性管理職が少ない要因として企業は，能力と意欲が低いとみていますが，本当にそうでしょうか。きっかけさえあれば，グングン伸びると信じています。後輩である大学生から大いに刺激を受けて，能力と意欲を高め，強いココロを持って羽ばたいてください。

第1章では，女性活躍推進の現状をおさらいします。今こそ，飛び立つ時なのです。第2章では，女性人材の育成に向けて，大学教育に何が期待されているのかを整理し，人材育成の方向性を確認します。第3章では，コミュニケーション教育，第4章では，リーダーシップ教育，第5章では，クリエイティビティ教育に関する取り組み内容を紹介します。各々工夫を凝らし，確かな手応えを得ています。第6章と第7章は教室以外での取り組みです。第6章では，本を読むことを通じて，第7章では，教室を飛び出し，社会と連携することを通じて，学生が成長していくことをお伝えします。第8章では，人材育成の総仕上げとして，日本一を目指すゼミナールでの取り組みを紹介します。第9章では，これらの取り組みをまとめた，人材育成のフレームワークの提示を試みます。そして，第10章では，学び続ける卒業生や社会人に対して大学ができることをお示します。内容的には，大学教育の方法論，将来社会で活躍するために学生時代に習得しておいて欲しい基本知識，学生の反応や感想を散りばめ，各章の終わりには「コーヒーブレイク」というコラムを設けて補足情報を記しています。浅学菲才の教員によるまだまだ未熟な教育論ではありますが，いささかなりとも参考になることがあれば幸いです。

人間と組織の永遠の課題は自律性と他律性の葛藤です。企業は建前では「殻

を破れ」と言いながら実際には「型にはまれ」と陰に陽に命じている側面があります。そのこと自体，組織の論理として理解できるですが，いざ大学教員の立場からは，表面的には「型にはまった」ふりをしながらも，実質的には「殻を破る」胆力を持った，しなやかでスケールの大きい学生を育て，企業や社会に送り込みたいと念じています。究極的には，それが企業のためでもあり，何より社会のためでもあるからです。

　　2017年8月　上毛三山を仰ぎながら

安齋　徹

[追記]

　発刊を前に大学を移籍することになりました。結果的に本書は「群馬県立女子大学での6年間」を集大成した卒業論文になりました。現在は今春設立された新学部でこれまでにない新たな「社会連携プログラム」の立ち上げに挑んでいますが，「女性の未来に大学ができること」も引き続き追求していく所存です。魅力あふれる群馬県と愛する群馬県立女子大学の一層のご発展並びに希望に満ちた学生と溌剌とした卒業生の益々のご活躍を心から祈念しています。

　　2018年4月　森のキャンパスから新宿の高層ビル群を眺めながら

安齋　徹

女性の未来に大学ができること
目次

第1章

女性の活躍推進

——今こそ飛び立て

1．女性の活躍推進を巡る動向

　「女性の活躍推進」に関するニュースや記事を見聞しない日はないほどですが，まずはこれまでの「女性の活躍推進」を巡る動向を振り返っておきましょう（湊，2012：36-37）。

　第1フェーズは「女性に対する差別をなくす時代」でした。1886年の「男女雇用機会均等法」の施行は企業がそれまでの性別役割分業を見直す契機になりました。1997年の「改正男女雇用機会均等法」によって，募集・採用，配置・昇進などにおける男女の差別が全面的に禁止になりました。

　第2フェーズは「女性が働きやすい環境を整える時代」でした。2002年以降，団塊世代の一斉退職や企業の好業績を背景に女性への期待が高まり，採用が拡大し，職域も広がりました。また，少子化への対応策として，企業が育児休暇や短時間勤務制度などのワーク・ライフ・バランス施策を充実させた結果，女性の勤続年数が伸びました。

　今は第3フェーズで「女性の能力を活かす時代」です。少子高齢化やグローバル化の進展など環境が大きく変化する中で，女性の能力を活かすことが経済の活性化には不可欠であるという認識が強まりました。管理職に女性を登用する動きが加速し，「社会のあらゆる分野で，2020年までに，指導的地位に女性が占める割合が，少なくとも30％程度」になることを目指す「2030」の目標も掲げられ，女性の活躍推進はわが国の重要政策の1つになっています。

　女性に対する差別をなくす第1フェーズ，女性が働きやすい環境を整える第2フェーズ，女性の能力を活かす第3フェーズと，まさにホップ，ステップ，ジャンプという軌跡を経て，現在に至っています。

2. 女性の活躍推進の意義

では，女性の活躍を推進する意義はどこにあるのでしょうか（21世紀職業財団，2012：7）。

第1に社内の活性化です。女性社員に積極的に業務に取り組む姿勢が生まれ，社内が活性化します。

第2に社員の定着率の向上です。女性社員が長く働ける環境が整備されれば定着率が向上し，勤続年数が長くなります。また，採用活動もやりやすくなり，人材確保にも役立ちます。

第3に社内の業務改革の進展です。女性が働きやすい環境に整備していく過程で，業務の進め方や社内制度の見直しが進み，社内の業務改革が進展します。注意すべき点は，男性・女性双方にとってメリットがあるということです。女性が働きやすい職場というのは男性にとっても働きやすい職場でなくてはなりません。業務の進め方や社内制度の見直しは，男性自身の働き方を変えるきっかけにもなります。

第4に新たな価値の創造です。女性が営業活動や商品開発に積極的に参加することにより，従来とは違ったユーザー目線や柔軟な発想も生まれ，売り上げの向上やヒット商品の誕生につながります。多様な人材を活かし，その能力を最大限に発揮できる機会を提供することでイノベーションを生み出し，新たな価値を創造します。これは「ダイバーシティ経営」と言われています（経済産業省，2014：1-2）。多様な価値観を有する幅広い層の人材には，性別のみならず，年齢・国籍・障がいの有無などを含み，更にキャリアやライフスタイルの多様性も含みます。例えば，男性が家事に参画することによって普段気がつかなかった視点を得るかもしれません。

3. 女性の活躍推進の進め方

女性の活躍推進に向けてどのように取り組んでいけばよいのでしょうか。

1）一定比率の女性を採用する

男女均等な選考ルールを確立し，女性の応募を促します。人材育成には長い年月がかかるため，新卒の段階で一定比率の女性を採用することが必要です。女性が少なかった職種や職域にも新たに女性を配置したり，男女共に多様なローテーションによりスキルを身につけさせて，視野の拡大を促します。

2）女性が働き続けることのできる環境や制度を整え，男性も含めた働き方改革を進める

少子高齢化が進む中で，仕事と家庭の両立は，男女に共通する重要な問題です。両立支援の制度を設けるだけでなく，使いやすい制度にするための工夫や働きやすい職場環境にすることも必要です。長時間労働を減らしていくと自ずと男性も含めた働き方改革を進めることになります。

3）初期キャリアから女性の育成を丁寧に進める

20代，30代に間断なく仕事に集中できる男性と異なり，女性は，出産・育児に伴い一時的にキャリアを中断せざるを得なくなる可能性があります。したがって，初期キャリア（概ね入社5年目まで）の段階から女性の人材育成を丁寧に進める必要があります。

4）「一皮むける経験」を積ませて成長を促し，「管理職になりたくない」意識を払拭する

成長には修羅場をくぐり抜ける経験が必要です。負荷（ストレッチ）をかけつつ，適切にフォローし成長を促します。一方で，「管理職になりたくない」という意識を払拭することも必要です。ただし，リーダーシップにもいろいろなスタイルがあり，旧来のカリスマ型リーダーである必要はありません。むしろ現在では協調型のリーダーこそが求められています。「自分らしさ」を活かしたリーダーを目指せばよいと背中を押してあげる必要があります。

5）トップダウンとボトムアップを組み合わせる

女性の活躍推進に王道はなく，こうした地道な施策を積み重ねていくしかありません。(1)〜(4)に加えて，特に重要なのが「トップダウン」と「ボトムアップ」の組み合わせです。トップが「女性の活躍推進」の意義をことある度に繰り返し語り，率先垂範することと，現場の社員一人ひとりの声を汲み上げ，実現していくことが合わさって，組織ぐるみで女性の活躍を推し進めていこうと

いう雰囲気が醸成されていきます。

　女性の活躍推進は今まさに実行フェーズなのですが，残念ながら，女性管理職比率はまだまだ低いのが現状です。飛び立つ女性の後押しをするのは社会や企業だけではありません。高くジャンプするには，深く踏み込むことが必要です。大学で多くのエネルギーを蓄えることがその後の大きな飛躍につながります。

コーヒーブレイク1：AI時代を生き抜く

　東京都における義務教育初の民間人校長として有名な藤原和博氏は，民間・教育さまざま分野での多様な実践を踏まえて，20世紀の成長社会から21世紀の成熟社会へ転換する中，求められる力も「正解を当てる情報処理力」から「納得解をつくり出す情報編集力」に変化していると指摘し，「ジグゾーパズル型学力」から「レゴ型学力」へ，というイメージを提示しています（図表1-1）（藤原，2015：132-134）。もはや1つだけの正解を求める時代は終焉し，「答えのない時代」に突入しています。そこで求められるのは，色や形のバラバラなレゴを操って，多くの人が感動できる作品を創り上げる能力なのです。

図表1-1　求められる能力の変化

	20世紀の成長社会	⇒	21世紀の成熟社会
求められる力	正解を当てる情報処理能力		納得解をつくり出す情報編集力
学力	ジグゾーパズル型学力		レゴ型学力

出典：藤原和博，2015年，『本を読む人だけが手にするもの』，日本実業出版社，p.132-134
（図表は筆者が作成）

　昨今，人工知能やロボットによって人間の仕事が代替されていくと予想されています。野村総合研究所は，日本の労働人口の49％が人工知能やロボット等で技術的には代替可能になるという試算を発表していますが，一方で，創造性・協調性が必要な業務や非定型的な業務は将来においても人が担うと指摘しています（図表1-2）（野村総合研究所，2015a：1-2）。

図表1-2　人工知能やロボットに代替されない仕事

1．創造性が必要な業務
2．協調性が必要な業務
3．非定型的な業務

出典：野村総合研究所，2015年，「日本の労働人口の49％が人工知能やロボット等で代替可能に〜601種の職業ごとに，コンピューター技術による代替確率を試算〜」，https://www.nri.com/jp/news/2015/151202_1.aspx，（検索日：2016年8月3日）

　人工知能が普及する時代の到来に向けて人は何を磨くべきなのでしょうか。総務省が実施した調査によると，人工知能が一般化する時代において重要な能力として，「チャレンジ精神や主体性，行動力，洞察力などの人間的資質」「企画発想力や創造性」「コミュニケーション能力やコーチングなどの対人関係能力」が掲げられています（図表1-3）（野村総合研究所，2015b：43）。

図表1-3　人工知能の活用が一般化する時代における重要な能力

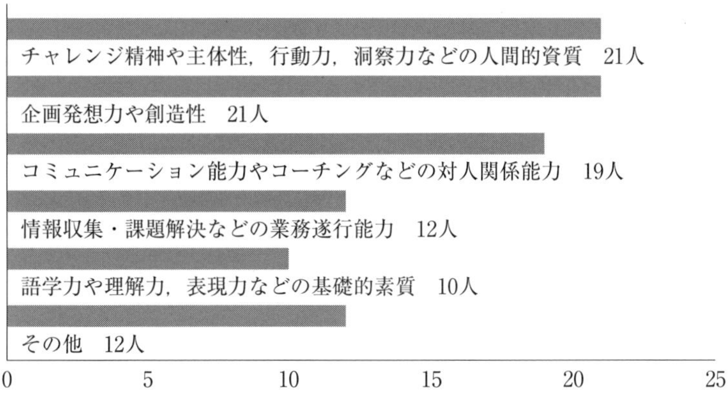

チャレンジ精神や主体性，行動力，洞察力などの人間的資質　21人
企画発想力や創造性　21人
コミュニケーション能力やコーチングなどの対人関係能力　19人
情報収集・課題解決などの業務遂行能力　12人
語学力や理解力，表現力などの基礎的素質　10人
その他　12人

0　　　　5　　　　10　　　　15　　　　20　　　　25

出典：野村総合研究所，2015年，「ICTの進化が雇用と働き方に及ぼす影響に関する調査研究報告書」，p.43，http://www.soumu.go.jp/johotsusintokei/linkdata/h28_03_houkoku.pdf，（検索日：2017年3月16日）

　未来を切り拓く人材はAI（人工知能）時代を生き残るスキルを身につけておく必要があります。

参考文献

安齋徹，2015年，「女性の活躍を推進する！」，『企業サポートぐんま』第36巻第5号，
　p.3-6，群馬県産業支援機構

経済産業省，2014年，『ダイバーシティ経営戦略2　〜多様な人材の活躍が，企業の成
　長力に繋がる〜』，経済産業調査会

21世紀職業財団，2012年，『中堅・中小企業の経営者のための女性社員の戦力化　─ポ
　ジティブ・アクション　実践的導入マニュアル─』，21世紀職業財団

野村総合研究所，2015年a，「日本の労働人口の49％が人工知能やロボット等で代替可
　能に〜601種の職業ごとに，コンピューター技術による代替確率を試算〜」https://
　www.nri.com/jp/news/2015/151202_1.aspx，（検索日：2016年8月3日）

野村総合研究所，2015年b，「ICTの進化が雇用と働き方に及ぼす影響に関する調査研
　究報告書」，p.43，http://www.soumu.go.jp/johotsusintokei/linkdata/h28_03_
　houkoku.pdf，（検索日：2017年3月16日）

藤原和博，2015年，『本を読む人だけが手にするもの』，日本実業出版社

湊美和，2012年「"女活"は第3フェーズへ」，『Works』第18巻第2号，通巻112号，
　p.36-41，リクルートワークス研究所

第2章

大学教育への期待

──女性人材の育成

1. リーダーシップ・パイプライン

　リクルートワークス研究所の石原直子さんは長期的・計画的な女性育成の全体像を提示しています（石原，2014：129）。それによると，女性の得意技は入社直後からのスタート・ダッシュであり，しっかりとジョブ・ローテションを重ね，意識的に修羅場を経験させ，速やかに舞台に引き上げる，という「リーダーシップ・パイプライン」を構築することが大切です。特に初期キャリア段階での育成にポイントがあると主張する石原さんは，入社直後から女性がトップギアで走れるようになるために，大学時代に，リーダーシップ教育を受けリーダーシップ発揮の経験を積むことを推奨しています（石原，2014：128-154）。

　　大学時代に，リーダーシップというものを理解し，リーダーシップを発揮するためのコミュニケーションの方法，ゴールとマイルストーンをセットする方法，他者のモチベーションをあげさせる方法，といった基本的なスキルについて教育が行われていることは，社会に出るにあたって，大きな武器を与えることになるでしょう。企業も，このようなリーダーシップ講座を持っている大学で学んだ女性に，もっと着目してはいかがでしょうか（石原，2014：134）。

　　どんなに小さいグループであろうと，チームのリーダーという立場で何かひとつのことを成し遂げようとしたら，全員の力を引き出すことのむつかしさに直面し，試行錯誤を経て，どのように行動すべきかを学ばざるを得ない状況に置かれます。これを経験しているのといないのとでは，社会に

出てからの「チームの協業」における活躍度がまったく違うということは，企業で人を育てたことのある人であるならば，実感しているのではないでしょうか。女子学生にこそ，リーダーシップ教育とリーダー経験を積んで，来る日に備えてほしいと思いますし，企業もこういう視点から女子学生のリーダーとしてのポテンシャルを見極めてほしいと思います（石原，2014：135）。

　入社以前の学生時代は言わば「インキュベーション期」であり，その後のキャリア形成につながる人材育成の基礎固めの時期です。特に女性の場合，就業後に出産・育児などでキャリアの形成が中断する可能性が高く，初期キャリアにつながる学生時代にしっかりとした人材教育を受けておくことが望ましいのです（安齋，2015：122）。

2．企業からの期待

　企業は女性人材や大学教育に何を期待しているのでしょうか。聖心女子大学の大槻奈巳先生は，企業へのインタビュー調査を通じて企業が求める女性人材像を次のように明らかにしています（大槻，2011：26）。第1に多様な価値観の中で，きちんと自己主張ができ，したたかに自分の意を通し，組織に新しい価値観をもたらす可能性のある人材，第2に決まった枠組みをきちんとこなすだけでなく，自分なりにプラス・アルファを付け加え，主体的に働くことができる人材，第3にどんな状況でも乗り越えていけるような人材，チャレンジ精神，起業家精神を持った人材です。

　一方，企業は女性人材の課題も認識しています。第1に精神的に弱い傾向があること，第2に自分からやろうとする意識が薄いこと，第3に良い意味での競争意識を持っておらず協調性ばかりを重視すること，が挙げられています。

　そこで，多様な価値観の中で自分を出していくことの重要性や社会や集団の中で揉まれながらうまくいかない経験をすることが必要であり，企業は大学教育に対して，目先の就職とは別の次元で，多様な価値観に触れさせ学生の視野を広げること，自立した人間を育てること，人間としての総合力を伸ばすこと

を期待しています。

　大槻先生の分析は大学における人材育成のあり方を考える上で大変参考になります。多様な価値観，自己主張，付加価値，主体性，タフネス，チャレンジ精神，競争意識，失敗経験，幅広い視野，総合的な人間力という要素が並びますが，端的に言えば，教養教育，専門教育，キャリア教育に留まらない骨太の人間教育が求められているのです。

3．女子大学のリーダーシップ

　女子大学は女子だけの大学なので男子に遠慮せず全て自分達で行う必要があることからリーダーシップを育むのに適している，という意見が人口に膾炙しています（朝日新聞，2008：25；週刊東洋経済，2011：68-69）。

　しかし，同志社女子大学の三宅先生は女子大学と共学大学における女子教育力の比較研究を通して，リーダーシップ発揮度に関して女子大学の女性と共学大学の女性に有意な差はみられず，女子大学の方がリーダーシップを発揮する機会を多く提供しているという世評は裏づけられなかったと述べています。一方，女子大学・共学大学共に，大学教員から高い期待を受けるほど自己効力感が高まり，自己効力感の高い女子学生ほど将来の必要時にリーダーシップを発揮できる自信が有意に強まることを明らかにしています（三宅，2009：28）。自己効力感とは，自分に対する信頼感や有能感のことです。「自分ならできる」というセルフイメージを持てているか否かが行動に大きな影響を与えます。つまり，単に女子大学で学生生活を過ごすだけで無意識的にリーダーシップが身につく訳ではなく，大学教員が学生に期待を寄せ，学生の存在を認め，行動を褒め，リーダーシップを発揮できる自信を育んでいくことが大切です。

　女子大学という環境を活かすためにも，リーダーシップ教育を含む人材育成を戦略的に行っていくことが必要なのです。

コーヒーブレイク2：当たり前のことを当たり前に

　佐々木常夫氏は，自閉症の長男や病気がちで入退院を繰り返す奥様を抱え，すべての育児・家事・介護をこなすために毎日6時に退社しながら，会社では確かな成果を収め，東レの取締役や東レ経営研究所の社長を歴任しました。ワーク・ライフ・バランスを実践した佐々木氏の著書『働く君に贈る25の言葉』（WAVE出版）のメッセージの1つは「仕事で大切なことは，すべて幼い時に学んでいる」です。人としてやらなければいけない基本的なこととして「人に会ったら挨拶しなさい」「何かをもらったらお礼を言いなさい」「仲間はずれをしてはいけません」「嘘をついたらいけません」「間違ったことをしたら，勇気をもってごめんなさい」を列挙しています。ところが，これらをきちんとできる社会人が，実はあまりいないと述べています（佐々木，2010：64-65）。

　また，ボストン・コンサルティング・グループを経てライフネット生命保険社長を務める岩瀬大輔氏には『入社1年目の教科書』（ダイヤモンド社）という著書がありますが，その中で述べられている50の教えの1番目・2番目は「何があっても遅刻をするな」「メールは24時間以内に返信せよ」です。たった一度の遅刻でチャンスを逃し，能力発揮の機会さえ与えられない可能性がある一方で，メールの対応が早いだけで2割増しの評価が得られると書かれています（岩瀬，2011：20-23）。

　両者共に，当たり前のことを当たり前にやることの重要性を説いています。筆者も企業から大学に移って最初に気になったのが大学生のマナーでした。そこで授業は礼に始まり，礼に終わるようにしており，授業中の私語は（ディスカッションやワークの時を除いて）厳禁です。ビジネス・マナーの基本を学生時代に体得しておくべきと考え，安齋ゼミナールでは次ページの行動指針を作成しています（図表2-1）。

　社会に出ると，どんなに立派なプレゼンテーションをしたとしても，メンバーの一人がスキを見せると，真っ当な評価が得られませんし，駄目な理由も明示的には教えてくれません。ビジネス・マナーは必要最低限の武器なのです。

図表2-1　社会デザイン論ゼミナール行動指針

ホップ：当たり前のことを当たり前に！

1. 挨拶をハキハキとする（自分から相手の目を見て大きな声で）
2. 笑顔が輝いている（笑顔も練習，ため息は不幸を招く）
3. 遅刻をしない（5分前集合，欠席時は事前に一報）
4. 約束を守る（期限は厳守，授業は出る，借りた本は期限内に返す）
5. メールはすぐに返す（すぐ返信の習慣，遅くとも24時間以内，御礼メールを欠かさない，目上の人とは自分のメールで終わる）
6. メモをとる（その場で手帳やノートに書き留める習慣を）

ステップ：一歩踏み出す！

1. 報告・連絡・相談（抱え込まずに前広にホウレンソウ）
2. 目配り・気配り・心配り（ここまでマメ，という位の人に）
3. Plan-Do-See-Action（案件遂行力の向上）
4. しなやかに，たくましく（苦労は買ってでも，七転び八起き）
5. リスペクト（他人の時間と労力と感情への敬意を）
6. 向き不向きより前向きに（やりがいは自分で作る）

ジャンプ：こんな人になろう！

A. 人間的魅力に溢れた Warm-hearted Leader
B. 何事にも前向きな Aggressive Challenger
C. 社会や企業を変革する Innovative Designer

参考文献

朝日新聞，2008年9月15日，「存在意義　探る女子大学リーダーシップ育つ」，p.25

安齋徹，2015年，「女性人材の育成は大学教育から」，『人事マネジメント』2015年6月号，p.122，ビジネスパブリッシング

石原直子，2014年，「新人女性を確実にリーダーに育てるシナリオ」，大久保幸夫・石原直子『女性が活躍する会社』，p.127-154，日本経済新聞出版社

大槻奈巳，2011年，「いまどんな女性人材が求められているのか」，『NWEC実践研究』第1号，p.20-35，国立女性教育会館

岩瀬大輔，2011年，『入社1年目の教科書』，ダイヤモンド社

佐々木常夫，2010年，『働く君に贈る25の言葉』，WAVE出版

週刊東洋経済，2011年10月22日号，「"女子だけ"だからこそ育つリーダーシップや就職力」，p.68-69

三宅えり子，2009年，「女子大学と共学大学における女子教育力の比較研究」，『同志社女子大学学術研究年報』第60巻，p.19-30，同志社女子大学

第3章

コミュニケーション力を向上させる

──人生の質に直結

1．コミュニケーション力の重要性

　コミュニケーション力はビジネス界が学生へ期待する能力の筆頭に挙げられています。日本経済団体連合会が行っている「新卒採用に関するアンケート調査結果」によると，「選考にあたって特に重視した点」で「コミュニケーション能力」は13年連続の1位となっています（図表3-1）（日本経済団体連合会，2016：2）。

図表3-1　企業が選考にあたって特に重視した点

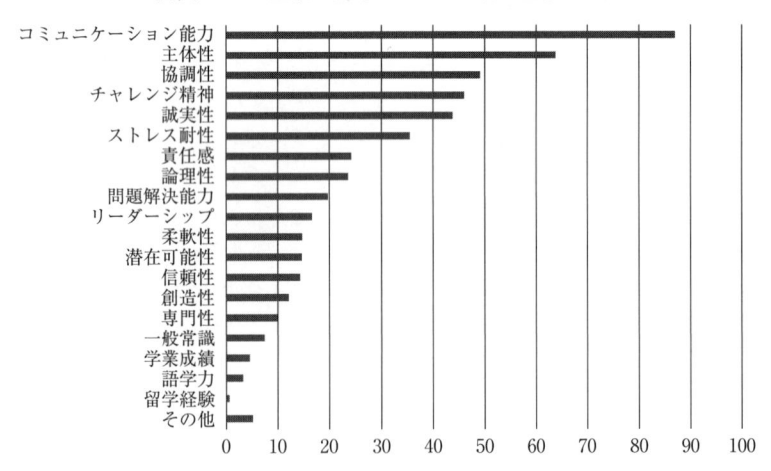

出典：日本経済団体連合会，2016年，「新卒採用に関するアンケート調査」，p.2，20項目のうちから企業は5つ選択，http://www.keidanren.or.jp/policy/2016/108_kekka.pdf，（検索日：2017年2月15日）

2．コミュニケーション教育の重要性

　コミュニケーション力の向上に向けてはコミュニケーション教育の充実が重要です。まず確認しておきたいのは，コミュニケーション力は自然には身につかないということです。西南学院大学の宮原哲先生によれば，コミュニケーション力は，ともすると年齢と経験を重ね社会のさまざまな場面での人間関係を通して少しずつ身につけるもので，改めて教育や訓練をして習得するものではないと考えられがちです。確かに経験を積まなくてはいけない部分もありますが，コミュニケーション力は教育や訓練を通じて初めて習得できるものなのです（宮原，2011：19）。

　一方でコミュニケーション教育の限界も認識しておく必要があります。早稲田大学の蒲谷宏先生によれば，コミュニケーションに関する知識や情報を与えることは重要ですが，それだけでコミュニケーション力が身につく訳でもなく，あるいは現実の社会の中で実践を重ねるだけでも本当のコミュニケーション力は高まりません。学習者自身が主体的，自覚的に自らのコミュニケーション行為を捉えること，そして高めようとする意識を持つこと，それが自らの生き方につながっていると認識することなしに，コミュニケーション教育の真の意味は見出せません（蒲谷，2011：10）。

　立教大学の松本茂先生によれば，これまで大学教育におけるコミュニケーション教育のあり方について活発に議論されて来たとは言い難いのが現状です。松本先生はコミュニケーション教育の研究者・教育者は卒業していく学生が活動する（であろう）職場環境において，どのようなコミュニケーション体験をすることになるのか，といったことも視野に入れて，学士課程におけるコミュニケーション教育を捉え直し，有効な提言を行うことが急務であると述べています（松本，2009：8）。

　このように，コミュニケーション力を高めるためにはコミュニケーション教育の充実が必要ですが，第1に理論と実践のバランス，第2に生き方への連関，第3に実社会への視野などへも配慮した新たな教育方法の提言が求められています。

3．大学生のコミュニケーション力の現状

　では，一体大学生はどの程度のコミュニケーション力を有しているのでしょうか。そこで大学生のコミュニケーション力の現状を把握するために全国の大学生416名を対象に「大学生のコミュニケーション能力に関する意識調査」を実施しました（図表3-2，3-3）（安齋，2016）。

図表3-2　調査の概要

名称	大学生のコミュニケーション能力に関する意識調査
時期	2015年2月
対象	全国の文系の大学生416名
方法	株式会社マクロミルを通じたインターネット調査

図表3-3　回答者の属性

	男子	女子（共学大学）	女子（女子大学）	合計
1年生	52人	26人	26人	104人
2年生	52人	26人	26人	104人
3年生	52人	26人	26人	104人
4年生	52人	26人	26人	104人
合計	208人	104人	104人	416人

　コミュニケーション力を測定する指標として，実務経験豊富でグローバルな視野も持った松村清氏が提唱するチェック表（松村，2011：34-36）を参照して30の設問を考案しました。松村氏はコミュニケーション力を，信頼性の訴求，共感性の訴求，論理性の訴求の3つに分類しています（図表3-4）。ハーバード・ビジネス・スクールの「マネジメント・コミュニケーション」でも，表現は少し異なりますが，3つの分類が支持されています（ハタズリー，2005：13-14）。

図表３-４　３つの分類

信頼性訴求	ヒューマンウェア	コミュニケーション相手との人間関係づくり
共感性訴求	ソフトウェア	共感を生む感情に訴求する伝え方の技術
論理性訴求	ハードウェア	相手が理解しやすい論理性のある話し方

出典：松村清，2011年，『コミュニケーション力』，p.21，商業界

１）コミュニケーション力

　「コミュニケーション能力が高いと思うか」という問いかけに対し「５．かなりそう　４．ややそう　３．そう　２．あまりそうでない　１．そうでない」と返答してもらったところ全体では2.57ポイントでした。学年別では，１年→２年でいったん下がり，２年→３年→４年と上昇していました。１年→２年の減少は，コミュニケーション力の期待レベルが高まることによる自己評価の厳格化，２年→３年→４年の上昇は学生生活を積み重ね就職活動を経験することによるコミュニケーション力の向上が要因であると推察されます。男女別では，平均は男子＞女子でしたが，４年の時点では男子＜女子でした。女子の大学別では，１年の時点では共学＞女子大学でしたが，４年の時点では共学＜女子大学でした。特に，４年の女子大生の水準が傑出しており，女子だけの環境から３年→４年の就職活動で揉まれることによってコミュニケーション力を一気に向上させていることが窺われました（図表３-５）。

図表３-５　コミュニケーション能力が高いと思うか

	１年	２年	３年	４年	平均
全体	2.52	2.39	2.60	2.78	2.57
男子	2.69	2.58	2.60	2.67	2.63
女子	2.38	2.21	2.60	2.88	2.52
共学	2.50	2.15	2.62	2.69	2.49
女子大学	2.27	2.27	2.58	3.08	2.55

2）分類別スキル

個別スキル30項目に関する回答を信頼性，共感性，論理性に分類すると，信頼性＞共感性＞論理性でした。男女別では，論理性は同水準でしたが，信頼性・共感性は男子＜女子でした，女子の大学別でも，論理性は同水準でしたが，信頼性・共感性は共学＜女子大学でした。女子大学は女子だけの環境であることからとりわけ信頼性・共感性が高く，大学生全般としては論理性が課題であることが判明しました（図表3-6）。

図表3-6　分類別スキル

	信頼性訴求	共感性訴求	論理性訴求	平均
全体	3.24	3.06	2.98	3.10
男子	3.18	3.01	2.98	3.06
女子	3.31	3.11	2.99	3.13
共学大学	3.23	3.05	2.98	3.09
女子大学	3.38	3.17	2.99	3.18

3）個別スキル

個別スキルでは「話を聞いているときは，アイコンタクト，相槌を打っている」「感情の共有を心がけ，相手のペースに合わせている」「相手の表情や動作から伝えたいことを読み取っている」「相手の言うことを最後まで聞き，本音を捉えようとしている」「出身地など相手との類似性から距離感を縮めようとしている」という信頼性項目が上位に並び，「話す前に内容を組み立ててから話すようにしている」「相手を自分の仕事に巻き込むのが上手だと思う」「まず結論から話し，理由はその後に話すようにしている」という論理性項目が下位でした。(2)(3)から，信頼関係を構築し，感情に訴求する伝え方は相応にできますが，相手が理解しやすい論理的な話し方は苦手であるという傾向が明らかになりました（図表3-7）。

図表3-7　個別スキル

順位	分類	個別スキル
1	信頼性	話を聞いているときは，アイコンタクト，相槌を打っている
2	信頼性	感情の共有を心がけ，相手のペースに合わせている
3	信頼性	相手の表情や動作から伝えたいことを読み取っている
4	信頼性	相手の言うことを最後まで聞き，本音を捉えようとしている
5	信頼性	出身地など相手との類似性から距離感を縮めようとしている
6	共感性	相手の立場に立った伝え方を心がけている
7	信頼性	自分と違う意見も貴重な意見として素直に受け入れている
8	論理性	お願いごとをしても，快く受け入れてもらえる方だと思う
9	論理性	頭から否定せず，相手の意見に反論したり反対できる
10	信頼性	好印象を与える身なりをして，笑顔，挨拶もきちんとしている
11	共感性	相手との距離や，座る位置に気を配っている
12	共感性	自分は何事も感動する方だと思う
13	論理性	打ち合わせの最後には，必ず結果の確認を行っている
14	共感性	同じ内容の話を，相手のレベルに合わせて話せる
15	共感性	相手が話しやすいように質問をよくする
16	共感性	たとえ正論であっても，一方的に相手に押し付けない
17	論理性	自分は褒めることが上手だと思う
18	論理性	複数の提案をして，選択をしてもらえるようにしている
19	共感性	身振り，手振りを交え，会話のスピードやリズムが単調でない
20	信頼性	報告・連絡・相談をこまめに行っている
21	論理性	頼まれ事を，相手の心証を悪くしないように断れる
22	共感性	相手の喜怒哀楽を自分のものとして受け止めている
23	信頼性	話すべき人との会う回数をできるだけ多くしている
24	信頼性	どんなときも自分の感情をコントロールできる
25	共感性	いつも自分の声の大きさや，高さに気を配っている
26	論理性	言いたいことは具体的にはっきりと表現している
27	共感性	聞き手が鮮明なイメージを持てるような表現ができている
28	論理性	まず結論から話し，理由はその後に話すようにしている
29	論理性	相手を自分の仕事に巻き込むのが上手だと思う
30	論理性	話す前に内容を組み立ててから話すようにしている

4）コミュニケーション教育

「これまでコミュニケーションについてそれなりにしっかり教育されてきた
と思う」「大学でコミュニケーションについて学びたいと思う（4年生の場合，
学びたかったと思う）」という問いかけに対し「5．かなりそう　4．ややそ
う　3．そう　2．あまりそうでない　1．そうでない」と返答してもらった
ところ，これまでのコミュニケーション教育の満足度は低い一方で，大学での
コミュニケーション教育への期待感が高いことが明らかになりました。特に女
子大学の学生が，大学でコミュニケーションについてもっと学びたいと希求し
ていることが注目されます（図表3-8）。

図表3-8　コミュニケーション教育

	これまでのコミュニケーション教育	大学におけるコミュニケーション教育への期待
全体	2.69	3.42
男子	2.71	3.40
女子	2.67	3.44
共学大学	2.62	3.34
女子大学	2.72	3.54

4．「ビジネス・コミュニケーション」という授業

1）経緯

2012年にビジネス界から大学教員に転身し学生を観察していて，ビジネス界
で求められるコミュニケーション力と実際の大学生が習得しているコミュニケ
ーション力の間に相当のギャップを感じたため，基本的なコミュニケーション
力を伸ばすための実践的な授業が大学で必要であると考えるようになり，2014
年度に「ビジネス・コミュニケーション」という科目を開講しました。

2）授業目標

• 授業目標：将来，社会で活躍していくことを念頭に，コミュニケーションに
　関する知識と技能を習得する。情報の共有，良好な人間関係，相互信頼の構

築のためにはコミュニケーション・スキルを高める必要があります。併せて，企業におけるコミュニケーションのありようも考えます。

- 到達目標：コミュニケーションに関する知識と技能を習得することによって，情報を共有し，良好な人間関係や相互信頼を構築することができます。

  3）内容

- カリキュラム上の位置づけ：教養科目
- 授業計画：

  ①ガイダンス　②コミュニケーションの理解

  ②非言語コミュニケーション　④伝える　⑤傾聴する　⑥質問する

  ⑦アサーション　⑧コーチング　⑨ファシリテーション

  ⑩～⑪プレゼンテーション　⑫～⑭ビジネス・コミュニケーション　⑮総括

- 受講生へのメッセージ：将来，社会で活躍することを念頭に，コミュニケーション・スキルを磨きたいという学生の履修を歓迎します。知識を頭に入れるだけでは不十分なので，演習も繰り返し行うため，能動的な参加姿勢が求められます。日常生活においても反復応用することを期待します。

- 授業の進行：基本的には，最初にアイスブレイク，講義→実習（ディスカッションやペア・ワーク，グループ・ワーク）の繰り返し，最後に振り返りという進行を行いました。講義内容に関しては，毎回レジュメを配布しました。

  4）運営方法

「ビジネス・コミュニケーション」の授業では運営方法にも工夫を凝らしました。

　第1に和やかな運営を心がけました。コミュニケーションにおいては場の設定も大事であり，毎回アイスブレイクで緊張感をほぐし，経験談も交え，楽しい雰囲気づくりに留意しました。

　第2に知らない人同士が出会う仕かけです。学生は仲の良い友人同士で固まる傾向がありますが，社会では基本的に仲間を選べません。そこで，毎回トランプを引いて指定された席に座り，結果的に初対面の人とペアになるように設営しました。つまり，学部・学年に関係なく毎回初対面の人と会話をするように仕向けました。

　第3に授業内で傾聴の練習やプレゼンテーションの試行など実践的なワーク

を繰り返しました。コミュニケーションに関する知識や技法は頭で理解するだけでは不十分であり，実践を重ねて身につけるしかありません。

　第4にディスカッションの多用です。さまざまなテーマについてディスカッションを繰り返しました。自分の意見をまとめ述べること，相手の意見を聴いて理解すること，自説を説得すること，異なる意見を受け入れること，すべてがコミュニケーションの実践です。

　第5に視聴覚教材の利用です。ビジネスを未経験の学生に対し，ビジネス・シーンなどを題材とした視聴覚教材を見せて，臨場感をもって実社会の実情を理解できるように腐心しました。

5．コミュニケーション力の基本

　ここで「ビジネス・コミュニケーション」の授業で伝授しているコミュニケーション力の基本をご紹介します。

（1）コミュニケーションの基本

　コミュニケーションの基本は「挨拶」です。大学生でも挨拶ができない人もいます。そこで授業では「礼に始まり，礼に終わる」ことを徹底し，授業の前後に必ず「挨拶」をします。全員が起立して「宜しくお願いします」「ありがとうございます」と唱和します。挨拶は①自分から，②相手の目を見て，③真心を込めて行います（箱田，2014：8）。こうした挨拶は習慣化することが大切です。

　「クッション言葉」も大切です。相手に何かを頼む時や，言いにくいことをいう時など，相手に気遣いを示し，ソフトな印象を与える言葉として，クッション言葉を添えます。スムーズなコミュニケーションのために欠かせません（箱田，2014：14）。クッション言葉は話し言葉でも書き言葉でも使えるので重宝します（図表3-9）。

図表3-9　クッション言葉

場面	クッション言葉
ものごとを頼む	恐れ入りますが 恐縮ですが ご面倒ですが 申し訳ございませんが お手数ですが
応じることができないとき	あいにくですが 残念ながら 折角ですが
その他	失礼ですが 宜しければ 差し支えなければ お世話になっております

出典：箱田忠昭，2014年，『即戦力になる‼ ビジネスコミュニケーション第2版』，p.14，日経BP社

　コミュニケーション・スキルで一番重要なのは「傾聴」のスキルです。最近の大学生や若手社員はプレゼンテーションこそ上手になりましたが，案外「聴く力」がありません。相手の話を聴かずに自分の主張ばかりしても相手の心には響きません。傾聴には以下のテクニックがあります（図表3-10）。

図表3-10　傾聴の技法

1．姿勢・態度
2．うなづき・あいづち
3．繰り返し
4．質問
5．要約

出典：日本産業カウンセラー協会，2006年，『産業カウンセリング入門改訂第3版』，p.152-159，日本産業カウンセラー協会（一部修正）

　姿勢・態度は心理的にも物理的にも相手に向き合うことが大事です。例えば業務中にパソコンの方を向きながら，部下の話を聴くのはアウトです。うなづ

き・あいづちは「打ち出の小槌」です。大袈裟くらいでちょうどよいのです。繰り返すことや質問されること，そして要約されることできちんと伝わっているという安心感につながります。「ビジネス・コミュニケーション」では，お地蔵さんのように聞く悪い聞き方と傾聴の技法を用いた良い聴き方を体感して，如何に聴き方が大事であるかを実感させています。学生からは「聴くことについてここまで深く考えたことはなかったが，あいづちや態度が如何に相手の印象に影響するか身をもって実感した」「普段は自分が話すことばかりに一生懸命になってしまい，聴くことを疎かにしてしまっていた」「聞き方が変わるだけで話し手の話しやすさがこんなにも変わるものかと実感した」「自分の話をするだけでなく，相手の話を聴き，上手く引き出すことで良好な関係を築いていきたいと思う」という感想が寄せられました。

（2）非言語コミュニケーション

コミュニケーションは言葉だけで伝えるものではありません。アメリカの心理学者アルバート・メラビアンによると，言葉の影響力は7％にしか過ぎません。人間は，言葉だけでなく，声のトーンや身ぶり手ぶりという身体全体を用いてコミュニケーションをとっているのです（平本，2006：15-16）。

人間は顔の3つの部分（①眉毛・額，②目・まぶた・鼻の付け根，③顔の下部）で6つの基本的な情動（驚き，恐怖，嫌悪，怒り，幸福，悲しみ）を表現しています（佐久間，2008：33）。先ずは表情力をつけることが大事です。急に「笑顔」は作れません。言わば形状記憶筋肉のように日頃から「笑顔」でいようと訴えています。

見た目でどういう判断をするのでしょうか。社会心理学の分野で調査がされており，人々は見た目で性格を判断しているらしいことがわかっています。もちろんこれは人の平均的な信念を表しており，ある程度の個人差はあります（図表3-11）（大橋・佐々木，1989：32-34）。

現実にはこうした見方を単に受け入れるのではなく，このように見られる可能性があることも踏まえて，自らの「第一印象」を戦略的に作り上げていく必要があります。そのためにもどう見られる可能性があるのか，知っておくことが重要です。

図表3-11　相貌特徴と性格特性のグルーピング

	相貌特徴	性格特性
第1群	骨の細い，色の白い，顔の小さい，顔のきめの細かい，眉の細い，耳の小さい，鼻の穴の小さい，唇のうすい，口の小さい	消極的な，心のせまい，内向的な
第2群	やせた，背の低い，面長の，鼻の高い	知的な
第3群	背の低い，血色のわるい，額のせまい，目の細い，目の小さい，まつ毛の短い，鼻の低い，口もとのゆるんだ，歯ならびのわるい	責任感のない
第4群	髪の毛のかたい，顔のきめの荒い，眉の逆八の字型の，あがり目の，ほおのこけた，かぎ鼻の	無分別な，短気な，感じのわるい，不親切な，親しみにくい
第5群	髪の毛のやわらかい，眉の八の字型の，目のまるい，ほおのふっくらした	感じのよい，親しみやすい，親切な
第6群	血色のよい，額の広い，目の大きい，まつ毛の長い，鼻のまっすぐな，口もとのひきしまった，歯ならびのよい	分別のある，責任感のある，外向的な
第7群	ふとった，丸顔の，さがり目の	心のひろい，気長な，知的でない
第8群	骨太の，色の黒い，顔の大きい，眉の太い，耳に大きい，鼻の穴の大きい，唇の厚い，口の大きい	積極的な

出典：大橋正雄・佐々木薫編，1989年，『社会心理学を学ぶ［新版］』，p.33，有斐閣

　嘘をついている子どもに対して「顔に書いてあるからすぐわかる」と言う親がいます。もちろん実際に書いてある訳ではありませんが，嘘をついている人（欺瞞者）にはある特徴があることを示しています。欺瞞者の非言語コミュニケーションには，①瞳孔の拡張，②言い誤り，③声が高い，④身体操作（手で衣服や身体の一部に触れる）の増大，⑤肩をすくめる，⑥言いよどみの増大，⑦冗長な発言の増大（余計なこと言う，否定的な発言内容の増大）などの特徴があります（佐々木，2008：47-49）。「ビジネス・コミュニケーション」の授業では，非言語コミュニケーションに関するさまざまな知識を伝授し，「欺瞞

のワーク」を行います。例えば「夏休みにしたこと」というテーマで3つの話をしますが，そのうち1つは嘘をつくというワークです。欺瞞を手がかりに非言語コミュニケーションを送り手と受け手の両方を経験し，その奥深さを体感させています。

　学生からは「コミュニケーションをする中で言葉が一番大切だと思っていたが，実際は表情や動きによってコミュニケーションしているということを知り驚いた。自分の表情は相手に見えても自分には見えていないため難しいと感じたが，自分の感情を表情にもっと出してみようと思う」「私は自分のことを話したりするのが上手くできないのでコミュニケーション力のなさをいつも感じていたが，たくさん話したり，上手に言葉にできることだけがコミュニケーションではないとわかってすごく安心した」「嘘をつくという行為はその人の人物像がわかりやすくなる行為であると感じた。例えば，嘘をつくのが下手な人は素直で正直な性格かもしれないし，上手な人は相手の心を読むのが得意であるかもしれない。コミュニケーションの中で相手の実像を捉える方法は沢山あるのだと感じた」「欺瞞を判断するというワークがとても印象的であった。相手の嘘を見破るのが本当に難しかったし，相手にも「どれかわからない」と言ってもらって，意外と自分も簡単に嘘を言えてしまうものなのだと思った」などの感想が寄せられました。

（3）アサーション

　「伝える」ことも重要です。物事を伝えるには伝える順番が重要であり，「ビジネス・コミュニケーション」では，基本的な形として，序論→本論→結論という伝え方を教えています。例えば，自己紹介を行う場合，「私を一言で表現すると……」と切り出し，「というのも……」と説明し，「これからも……」と挨拶すると，すっきりと相手に伝わります。

　日常生活やビジネス・シーンで最も大変なのは伝えにくいことを伝えることです。現実はそうしたことの連続であると言っても過言ではありません。そこで「ビジネス・コミュニケーション」では「アサーション」という考え方を紹介しています。アサーションとは「自他尊重の自己表現」，換言すれば「自分も相手（他者）も大切にする自己表現」です。「実用的な主張法」というイメ

ージを持たれることもありますが。本質的には，単なる自己主張や言い方ではなく，コミュニケーションのあり方，ひいては人間関係のあり方を示す奥深いものです（平木，2012：16）。

　自己表現のタイプには大きく3つあります（図表3-12）。第1は，自分よりも他者を優先し，自分は後回しにする自己表現です。第2に，自分のことだけを先ず考えて行動し，時には他者を踏みにじることになる自己表現です。両者は対照的で，第1の自己表現は「非主張的（non-assertive）自己表現」，第2のタイプは「攻撃的（aggressive）自己表現」と呼ばれています。この2つのタイプに対して，第3のタイプは，自分のことを先ず考えますが，他者のことにも配慮する自己表現で，これがアサーション（assertion）です（平木，2012：26-27）。

図表3-12　3つの自己表現

非主張的表現	攻撃的表現	アサーティブな自己表現
引っ込み思案	強がり	正直
卑屈	尊大	率直
消極的	無頓着	積極的
自己否定的	他者否定的	自他尊重
依存的	操作的	自発的
他人本位	自分本位	自他調和
相手任せ	相手に指示	自他協力
相手の承認で決める	自分の命令に従わせる	自己選択で決める
服従的	支配的	歩み寄り
黙る	一方的に主張する	柔軟に対応する
「私はOKでない，あなたはOK」	「私はOK，あなたはOKでない」	「私もOK，あなたもOK」

出典：平木典子，2012年，『アサーション入門　自分も相手も大切にする自己表現法』，p.49-50，講談社

　特に課題達成や問題解決のケース，会議の場や話し合いの場面では，きちんとステップを踏んで進めていくことが肝要です。それは「DESC法」と言われ

ています。D（describe）は描写する，E（express）は表現する，説明する，共感する，S（specify）は特定の提案をする，C（choose）は選択する，という意味です。この順番で言い方を考えておくと，自分の状況も整理ができ，自信を持って，しかも相手にわかりやすく要望を伝えることができます（図表3-13）（平木，2009：117-118）。

図表3-13　DESC法

D = describe：描写する
　自分が対応しようとする状況や相手の行動を描写する。客観的，具体的，特定の事柄，言動であって，相手の動機，意図，態度などではなく，自分も相手もわかり，納得のいくことを述べる。

E = express：表現する，説明する，共感する
　状況や相手の行動に対する自分の主観的気持ちを表現したり，説明したり，相手の気持ちに共感する。特定の事柄，言動に対する自分の感情や気持ちを建設的に，明確に，あまり感情的にならずに述べる。

S = specify：特定の提案をする
　相手に望む行動，妥協案，解決策などの提案をする。具体的，現実的で，小さな行動の変容について，明確に提案を述べる。

C = choose：選択する
　肯定的，否定的結果を考えたり，想像し，それに対してどういう行動をするか選択肢を示す。その選択肢は具体的，実行可能なもので，相手を脅かすものではないように注意する。

出典：平木典子，2009年，『改訂版　アサーション・トレーニング　さわやかな〈自己表現〉のために』，p.117-118，金子書房

　例えば，会議が長引いて終わりそうもないとき，「かれこれ会議をはじめて2時間が経過しました（D）。私は疲れ来てこれ以上考えてもいいアイディアが出てきません。そろそろ今日の会議は終わりにしませんか（S）。さもなければ，「あと15分」とか時間を区切って話し合いませんか（C）」と提案します。DとEをしっかりと区別すること，SだけでなくSが受け入れられない場合のCを考えておくこと，でスムーズにコミュニケーションできます。Dは誰もが認める客観的な事実，Eは自分の考えを主観的に延べることで，交渉の土俵を作ります。Sだけでは一方的になるのでCを用意することで相手に選択権を与

え，うまく収まります。

　学生からは，「人に向かって話をする時に，自分の意見を整理して，要点・理由・結論の順に話をするということはとても大事だと思った。普段は何も考えずに自分に話したいことばかり話してしまっていると思うので，相手に合わせて，また，自分の考えを整理して話せるように心がけていきたい」「物事を伝える前に，整理して順番を決めて話せば話しやすいし，伝わりやすいと感じた」「アサーションは，相手を嫌な気持ちにさせることなく自分の素直な気持ちが伝えられるのでとても有効だと思った」「アサーションが上手にできるようになれば，これからとても役立つと思う。私は自分の言いたいことを主張することが苦手なので，相手を傷つけずに自分の言いたいことを主張できるようになれたら，ストレスも減り穏やかな生活が送れる」「アサーティブなコミュニケーションは，自分にとっても相手にとっても心地よいものではないかと思った。自分の気持ちも伝えながら相手も尊重することは，日頃していなかったことなので，これを実践したら自分も相手も気持ちが素直になることだから無意識のうちに感じるストレスも少なくなるのではないかと思った」という感想が寄せられました。

（4）コーチング

　近年「コーチング」が注目されています。「ティーチング」が教え込むことであるのに対して，「コーチング」は引き出すことです（図表3-14）。これまで企業や学校でも，ティーチングが典型的な指導方法でした。もちろん相手は新人の場合など，ある程度手取り足取り，基本を教え込むことが必要です。一方で，コーチングの力点は，1人ひとりの内側にある「可能性，能力，やる気，自発性，責任感，アイディア」などを引き出すことにあります。またティーチングが「すべての人に対して，同じ内容を同じ方法で伝える画一的なアプローチ」であるのに対し，コーチングは「個々の相手に対して，指導すべき内容と方法を変える個別のアプローチ」です（本間・松浦，2006：38-39）。

　本間正人氏はコーチングを「人間の無限の可能性と学習力を前提に，相手との信頼関係のもとに，1人ひとりの多様な持ち味や成長を認め，適材適所の業務を任せ，現実・具体的で達成可能な目標を設定し，その達成に向けて問題解

図表3-14 対照的な指導方法

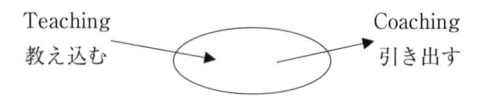

出典：本間正人・松浦理保，2006年，「コーチング入門」，p.39，日本経済新聞出版社

決を促進すると共に，お互いに学び合い，サポートする経営を持続的に発展させるためのコミュニケーション・スキル」と定義しています。そしてコーチングのエッセンスは「信」「認」「任」という三文字に集約されます（本間・松浦，2006：41-42）。

「信」という漢字には「人間の無限の可能性を信じる」という意味と「上司・部下の間意に信頼関係築くこと」という2つの意味が込められています。「認」という漢字には「相手の良いところを見て，心にとめる」という意味が込められています。「任」という漢字には「適材適所」の意味が込められています（本間・松浦，2006：43）。

コーチングを実践する際にはステップを踏んで行います。典型的なモデルが「GROW モデル」です（図表3-15）。第1に目標の明確化です。「何を達成したいのか」という具体的な目標を確認します。実は目標を明確にすることは容易ではありません。より具体的な目標の方が取り組みやすいです。目標の先にある「……したい」という願望や「何のために」という意義について聞き出します。第2に現状の把握です。現在何ができていて，何ができていないのか。自分置かれている立場や状況を冷静に見つめ直します。どんな気持ちで取り組んでいるかという感情面を掌握しておくことも大切です。第3に資源の発見です。目標の達成に向けて使えるものを確認します。企業に経営資源にならって，「ヒト・モノ・カネ・情報・時間」の5つを確認すると良いでしょう。第4に選択肢の創造です。目標達成のために，数多くの選択肢を考え，検討し，ベストの方法を選びます。いきなり方法を押し付けるのではなく，先ずはたくさんの創造し，出てきた選択肢を否定せず，その中から選択することが大切です。押し付けられた方法には納得できないのが人間の本性であり，あくまで自分でやり方を考えることがポイントです。第5に意志の確認，計画の策定です。コ

ーチング・セッションの最後に，目標達成の意志を確認し，計画を策定します。
ここでも，本人が計画を策定し，「いついつまでにこれをやります」と自分で
宣言することが重要です。命令されて仕方なくやるのと，自分で策定し，宣言
し，行動するのでは大違いです（本間・松浦，2006：122-146）。

図表3-15　GROW モデル

（1）GOALS	目標の明確化
（2）REALTY	現状の把握
（3）RESOURCE	資源の発見
（4）OPTIONS	選択肢の創造
（5）WILL	意志の確認，計画の策定

出典：本間正人・松浦理歩，2006年，『コーチング入門』，
p.121，日本経済新聞出版社

　「ビジネス・コミュニケーション」の授業では，コーチングの意義や「GROW
モデル」というステップを説明した後に，ペアでコーチングを実践します。い
きなりなのでうまくいくとは限りませんが，漫然とした問答との明らかな違い
に気がつきます。学生からは「コーチングをすることによって相手の思ってい
ることを引き出すことができて良かった。またコーチングをされることによっ
て，実際に思うだけでなく，言葉にして形になるので，より目標や自分の思っ
ていることが明確になった。思いもよらない質問をされることで，自分が考え
ていなかったことを考えることができた」「よく友達と悩みを共有することが
あるが目標や願望のみを話していて結局具体的な行動に移せないことが多い。
今回コーチングを実践してみて，次の行動に進むにはまず現状を振り返ること
が大切だと感じた。現状での課題が見つかればかなり具体的な対策や改善点を
考えることができるのだと感じた。今回使った手法を次のお悩み相談に使って
よりよい今後の生活を目指したい」「コーチングをとても楽しくできた。聞か
れる側になった時も，相手に引き出してもらって自分の思いが膨らんでいくの
がわかり，何だか心地よかった」「「答えは案外自分の中にあるという教え」に
納得した」という感想が寄せられました。

（5）ファシリテーション

　日本はホワイト・カラーの生産性が低いと言われますが，その原因の一つは「会議下手」ではないでしょうか。会議に至らずとも，さまざまなメンバーと話し合い，円滑に合意形成に導くことは日常生活やビジネス・シーンで必ず必要になります。そのために「ファシリテーション」のスキルは不可欠です。大学生活でも決めるべき場面はサークルやゼミナールなどで多々ありますが，「決められない」「納得が得られない」「不満が残る」場面が少なくありません。

　そこで必要になるのが「ファシリテーション」のスキルです。ファシリテーションとは，ディスカッションのプロセスを中立的な立場で進行することで，進行役のことをファシリテーターと言います。ファシリテーターには，メンバー個々の表情や態度を観察する，メンバーの話を最後まで考えを理解する，確認や理解を深めるための質問をする，議論を盛り立てるために時には介入する，メンバーから出た意見を整理することが求められます（図表3-16）（大山，2012：78）。

　「ビジネス・コミュニケーション」の授業では，ファシリテーションの手順を説明した後に，実際にファシリテーターを輪番で経験します。聞くとやるとでは大違いです。また他人のさばき方も参考になります。

図表3-16　ファシリテーションの手順

---

①　メンバーが話しやすいように，リラックスした雰囲気をつくる
②　ディスカッションの目的（課題）をメンバーに提示する
③　ディスカッションの進め方や時間を提示し，相互理解を図る
④　話が煮詰まった時は，これまでの意見を整理して展開させる
⑤　1人のメンバーに偏ることなく，全メンバーから意見を引き出す
⑥　メンバーの意見を深めたり，広げたりする
⑦　メンバーの意見を整理して，意見を集約していく
⑧　結論を確認し，メンバーを労う

出典：大山正嗣，2012年，『コミュニケーションワークブック15講』，p.79-80，日本生産性本部（一部修正）

　学生からは「ディスカッションをする機会は普段それほどないので，このような場で，進行のスキルについて確認しつつ，実際にやってみることは貴重な

経験だった」「話をする前の雰囲気作りも大切であると感じた」「誰かが1人話し続けるよりも，全員が意見を言うことで多方面からの意見に触れることができる」「ファシリテーターとしてテーマに沿いつつ，その場にいる全員の意見を平等に聞き，またそれを踏まえて話をまとめていくのが意外と難しかった」「話を振るのに夢中になりすぎると相手の話に集中できなくなってしまうので，話を聴くこともファシリテーターの役目として意識したい」「ファシリテーターは，より良いより広い意見を探るために，あらゆる視点から質問や話題を提供しなければいけないと思った」「"○○さん"と呼びかけてから質問することで良い意味の緊張感が生まれ，またそのことによって個々のメンバーに"今自分は話し合いに参加している"という実感を持たせることも，ファシリテーターの役割なのだと思った」「全員の意見を引き出し，尊重しながら1つの結論を出すことの難しさを味わった」「どうすればメンバーを傷つけずに意見を絞れるかを考えるのが一番難しかった」「ファシリテーションは社会に出てから非常に重要であることがわかった」という感想が寄せられました。

6.「ビジネス・コミュニケーション」の受講生評価

　こうした「ビジネス・コミュニケーション」の授業を通じて学生達はどのように変わったのでしょうか。

(1) コミュニケーション力
　「コミュニケーション能力が高いと思うか」という問いかけに対し「5．かなりそう　4．ややそう　3．そう　2．あまりそうでない　1．そうでない」と返答してもらったところ受講前の2.57が受講後は2.94と＋0.37ポイント向上しました。なお，受講前の2.57は全国平均と同じレベルでした（図表3-17）。

図表3-17　受講前後のコミュニケーション力

	受講前	受講後	変化	(参考) 全国平均
コミュニケーション能力	2.57	2.94	(+0.37)	2.57

（2）分類別スキルと個別スキル

　個別のスキルの平均では，受講前の3.10が受講後は3.46と＋0.38ポイント上昇しました。信頼性，共感性，論理性に分類すると，もともと信頼性が高かったのですが，受講前は低かった共感性や論理性も上昇しました。受講前の信頼性は全国平均を上回っていましたが，論理性は下回っていました。受講後には信頼性・共感性・論理性すべてが全国平均を上回りました。なお，受講前の平均3.10は全国平均と同じレベルでした（図表3-18）。

　個別のスキルの受講前後の変化を見ると，全ての項目で上昇していました。特に「相手が話しやすいように質問をよくする」「聞き手が鮮明なイメージを持てるような表現ができている」「話す前に内容を組み立ててから話すようにしている」「複数の提案をして，選択をしてもらえるようにしている」では0.5ポイント以上上昇しました。当初は低かった共感性や論理性に係る項目が受講を契機に大きく伸長していました。

図表3-18　受講前後の分類別スキル

	受講前	受講後	変化	（参考）全国平均
信頼性	3.37	3.69	＋0.33	3.24
共感性	3.07	3.44	＋0.38	3.06
論理性	2.87	3.25	＋0.39	2.98
平均	3.10	3.46	＋0.38	3.10

（3）コミュニケーション教育

　「これまでコミュニケーションについてそれなりにしっかり教育されてきたと思う」「大学でコミュニケーションについて学びたいと思う（4年生の場合，学びたかったと思う）」という問いかけに対し「5．かなりそう　4．ややそう　3．そう　2．あまりそうでない　1．そうでない」と返答してもらったところ，以下のような結果になりました。「これまでのコミュニケーション教育の満足度」は全国平均並みでしたが，「ビジネス・コミュニケーション」受講時のアンケートであることから当然とはいえ「大学でのコミュニケーション教育への期待感」が非常に強いことが特筆されます（図表3-19）。

図表3-19　コミュニケーション教育

	これまでのコミュニケーション教育	大学におけるコミュニケーション教育への期待
受講生	2.65	4.59
（参考）全国平均	2.69	3.42

（4）授業の満足度

　授業の満足度は4.54，「人生の質を高めるために有益だったと感じますか」は4.56と極めて高かったものの，「コミュニケーション・スキルが向上したと感じますか」は3.99でした。授業の満足度は高く，生き方への連関という趣旨も伝わりましたが，実際のコミュニケーション・スキルの向上感はやや不十分でした（図表3-20）。

図表3-20　授業評価

質問項目	評価
満足度を教えて下さい	4.54
コミュニケーション・スキルが向上したと感じますか	3.99
この授業は人生の質を高めるために有益だったと感じますか	4.56

（5）運営方法

　運営方法への満足度を尋ねたところ，授業内での実践的なワーク，視聴覚教材の利用，和やかな雰囲気の醸成，知らない人同士が出会う仕掛け，ディスカッションの多用，マナーの徹底という方法論への評価が高かったです（図表3-21）。

（6）5つの特質

　受講生のさまざまなコメントから「ビジネス・コミュニケーション」の5つの特質が明らかになりました。

　第1にコミュニケーション・スキルの習得です。「さまざまなコミュニケー

図表3-21　運営方法への満足度

題材や手法	満足度
授業内での実践的なワーク（実践を通じた学び）	4.81
視聴覚教材の利用（実社会での実例を示す教材など）	4.81
授業の運営（和やかな雰囲気の醸成）	4.72
知らない人同士が出会う仕かけ（トランプでのペアリング）	4.72
ディスカッションの多用（意見交換と学び合い）	4.63
マナーの徹底（授業前後の挨拶や私語厳禁のなど）	4.56

ションのスキルを学生のうちに学ぶことができて良かった」「普段から疑問に感じていたことが解かれていき，いつも授業は興味深かった」「今までコミュニケーションに関する悩みはあったが，学ぶ機会がなかった。この講義でさまざまな視点からコミュニケーションを学ぶことができた。今回学んだことは，社会に出て必ず役に立つスキルであると思うので，この講義を受けて良かった」「活かせることが本当に多い授業であった」という感想が寄せられました。意外なことに，大学で基本的なコミュニケーション・スキルを学ぶ機会はあまりありません。キャリア支援の一環として，あくまで就職試験対策としてのビジネス・マナーを学ぶ程度であることが多いのが現状です。「ビジネス・コミュニケーション」では，「伝える」「傾聴する」「質問する」という基本から「コーチング」「ファシリテーション」「プレゼンテーション」という応用に至るまで大学時代に取得しておくと良いと思われる知識や技能を伝授しました。すでに言及したとおり，コミュニケーション力は教育や訓練を通じて初めて習得できるものであり，「ビジネス・コミュニケーション」はコミュニケーション・スキルをしっかりと習得する機会を提供しました。ただし，技法を押し付けるのではなく，いったんは「型」を押さえるものの，最終的には自分らしさを追い求めていくことが重要であることを授業内では強調しました。

　第2に一方通行ではなく参加型・実践型の運営方法です。「グループワークやディベートを行い，実践的な講義であったので，改善点を発見できたり，理解が深まった」「グループワークがたくさんあり，学生が十分に授業に参加できる場が設けられていて楽しく学ぶことができた」「授業内でも実践できて大

変勉強になった」「授業では，学んだスキルを実際に授業内で実践し，すぐに
やってみることで身につきやすい」という感想が寄せられました。コミュニケ
ーション・スキルの習得は座学では困難です。講義と実習（ディスカッション
やペア・ワーク，グループ・ワーク）を繰り返す方法が好評でした。

　第3に初対面のペアでのディスカッションの繰り返しです。「知らない人と
ペアになって話す機会があったことは非常に良かった」「ディスカッションを
通じて他人から学ぶことが多かった」「毎回初対面の人と話す開会があり，話
すことへの苦手意識が改善された」「ペアが毎回変わり，多くの人とコミュニ
ケーションを取れた」「初めて会う人と話すのは苦手でしかなかったはずなの
に，この授業では自然と打ち解けることができるので，だんだん会ったことの
ない人と出会えるのが楽しみになってきた」という感想が寄せられました。上
述の参加型・実践型の運営の一環ですが，毎回席替を行って否が応でも初対面
のペアを創出することに特に意義がありました。旧知の友人同士で固まり"仲
良しクラブ"に安住することが学生のひ弱さを助長しているとの考えから，筆
者は「ビジネス・コミュニケーション」に限らず，他の授業でも同様の方式を
取っています。3人以上ではなく2人ということにも意味があります。そもそ
もコミュニケーションには送り手と受け手の2人が含意されていること，実社
会でも1：1のコミュニケーションが根底であること，大人しい学生にとって
も1：1では逃げ場がなく結果的に話さざるを得ないこと，2人であれば90分
の講義を通じて親近感や信頼関係を向上しやすいこと，などを勘案しました。
当初は気後れしていた学生も回を重ねる毎に，初対面のペアでのディスカッシ
ョンに習熟し，むしろ楽しむようになっていきました。

　第4に人生や生き方への関わりです。「生きていく上でためになる内容で良
かった」「知らなかった自分に気づくことができる瞬間がたくさんあった」「人
生の質を高めるために，人との関わりはとても必要なことなので，コミュニケ
ーションについて学べて本当に良かった」「この授業を通して表面的でなく本
質的な部分を学ぶことができて，これからの人生に役立つと感じた」「毎回人
生のためになることが学べる授業であった」「人生にコミュニケーションは必
要不可欠で，人間関係を築く上で最も重要だと思うのでとても有益であった」
「人生の質を変えてくれた授業であった」という感想が寄せられました。既述

のとおり，自らの生き方につながっていると認識することなしにコミュニケーション教育の真の意味は見出せないという指摘があります（蒲谷，2011：10）。単にテクニックを覚えることが目的ではなく，コミュニケーションの質を高めることは人生の質を高めるということを授業の中でも再三強調しました。コミュニケーションのあり方を研ぎ澄ましていくと，自分自身とも向き合うことになり，他者との関わり方も格段に変わってきます。受講することが人生や生き方を変えるきっかけになったと認識してくれたとしたら，「ビジネス・コミュニケーション」はコミュニケーション教育の新たな地平を切り拓く意義がありました。

　第5に実務経験のある教員による和やかな雰囲気での工夫を凝らした授業運営です。「ビジネスの場でどのようなスキルが求められるのかを学ぶことができた」「とても雰囲気の良い楽しい授業で，毎回集中して授業を受けることができた」「毎回得るものが違って講義に参加するのがとても楽しみであった」「コミュニケーションをすることが苦手な自分でも，無理なく授業に参加することができ，成長することができた。とても有意義な授業であった」「授業の進め方がとても好きである。たくさんの人たちと出会い，自分自身に自信がついた」という感想が寄せられました。既述のとおり，コミュニケーション教育の教育者は卒業していく学生が活動する（であろう）職場環境において，どのようなコミュニケーション体験をすることになるのか，といったことも視野に入れて，コミュニケーション教育を捉え直し，有効な提言を行うことが急務であるという指摘があります（松本，2009：8）が，筆者は28年間の企業での実務経験を有し，実社会のさまざまな場面でどのようなコミュニケーション・スキルが求められているのかを熟知しているのが強みでした。さらに「ビジネス・コミュニケーション」では和やかな雰囲気の醸成にも腐心しました。席替はトランプを用いて実施し受講生の不安感・緊張感を軽減し，講義と実習は偏ることなくテンポよく進め，ゲスト・スピーカーの招聘も織り交ぜました。視聴覚教材を多用し，開始前や自己と向き合う場面では適宜音楽を流すなど，五感も刺激しました。大上段にあるべき論を振りかざすのではなく，和やかな雰囲気の中で実務経験のある教員がビジネスの現場で必要な知識や技能のエッセンスを楽しく丁寧に伝えていくという授業運営が学生の信認を得たものと考え

ています。

7. コミュニケーション力を向上させる

　理論と実践のバランス，生き方への連関，実社会への視野などへも配慮した新たな教育方法の提言が求めている中，「ビジネス・コミュニケーション」の授業では，ビジネス経験豊富な大学教員による講義と実習を繰り返す授業で，創意工夫を凝らした運営方法によって，コミュニケーション力の向上に一定の成果を収めることができました。

　女子大学の存在意義を高めるためにも，各々の女子大学がコミュニケーション教育に本腰を入れて取り組み，コミュニケーション力の高い学生を着実に社会に送り出していくことが望まれます。コミュニケーション力はリーダーシップの根幹です。単に就職活動のための方策として捉えるのではなく，女性の活躍推進につながる重要なテーマであることを肝に銘じておくべきです。

コーヒーブレイク3：アクティブ・ラーニングの深化

　大学教育における「教育から学習への転換」のカギとして「アクティブ・ラーニング」という教育方法が注目を集めています。2012年に出された中央教育審議会の「新たな未来を築くための大学教育の質的転換に向けて～生涯学び続け，主体的に考える力を育成する大学へ～（答申）」（いわゆる「質的転換答申」）の中でも「アクティブ・ラーニング」はキーワードの1つになっています。

　質的答申の中で「アクティブ・ラーニング」は以下のように定義されています。

　　教員による一方的な講義形式の教育とは異なり，学修者の能動的な学修への参加を取り入れた教授・学習法の総称。学修者が能動的に学修することによって，認知的，倫理的，社会的能力，教養，知識，経験を含めた汎用的能力の育成を図る。発見学習，問題解決学習，体験学習，調査学習等が

含まれるが，教室内のグループ・ディスカッション，ディベート，グルー
プ・ワーク等も有効なアクティブ・ラーニングの方法である。（中央教育
審議会，2014：37）

　社会の仕組みが大きく変容し，これまでの価値観が根本的に見直されつつあ
る時代に生き，社会に貢献していくたくましい人材は，受動的な教育では育成
できません。従来のような知識の伝達・注入を中心とした授業から，教員と学
生が意思疎通を図りつつ，一緒になって切磋琢磨し，相互に刺激を与えながら
知的に成長する場を創り，学生が主体的に問題を発見し解を見出していく能動
的学習（アクティブ・ラーニング）への転換が必要とされています（中央教育
審議会，2014：9）。

　しかし，京都大学の松下佳代先生はアクティブ・ラーニングを大学改革の万
能薬としてもてはやすことに警鐘を鳴らしています。アクティブ・ラーニング
にも，かえって学生の受け身の姿勢を助長する，静かに思慮にふける環境を妨
げる，フリーライダーを出現させる，などの問題があります（松下，2015：
3-4)。

　松下先生が提唱するのが「ディープ・アクティブラーニング」の概念です
（図表3-22）。「ディープ・アクティブラーニング」とは，「学生が他者と関わ
りながら，対象世界を深く学び，これまでの知識や経験と結びつけると同時に
これからの人生につなげていけるような学習」のことです。ディープ・アクテ
ィブラーニングは学習の「深さ」に着目します。「深い学習」とは，概念を自
分で理解し，意味を追求しようとすることです。「深い理解」とは，転移可能
な概念や複雑なプロセス，原理と一般化が永続的に理解されることで「数年経
って，詳細を忘れてしまっても，本質を覚えている」ほどの理解です。「深い
関与」とは，熱中，没入，忘我の状態で「今日の授業は面白くて時間が経つの
が速く感じられた」ような状態です（松下，2015：11-23）。

　また「アクティブ・ラーニング」はあくまで手段であることを忘れてはいけ
ません。未来を切り拓く人材を育成していくことこそが目的なのです。

図表3-22　学びの進化

```
これまで：一方的な講義型授業
　　　　　（知識の伝達・注入）

これから：能動的学修（アクティブ・ラーニング）
　　　　　（認知的，倫理的，社会的能力，教養，知識，経験を含めた汎
　　　　　用的能力の育成）

その先に：ディープ・アクティブラーニング
　　　　　（他者と関わりながら，対象世界を深く学び，これまでの知識
　　　　　や経験と結びつける　言わば人生につなげていく）
```

出典：松下佳代，2015年，『ディープ・アクティブラーニング　大学授業を深化させるため
　　　に』，勁草書房　を参考に筆者が作成

参考文献

安齋徹，2016年，「大学生のコミュニケーション力の現状と向上への取り組み─女子大
　　学における「ビジネス・コミュニケーション」という試み─」，『女性と文化』第2号，
　　p.52-77，実践女子学園下田歌子研究所

大橋正雄・佐々木薫編，1989年，『社会心理学を学ぶ［新版］』，有斐閣

大山正嗣，2012年，『コミュニケーションワークブック15講』，日本生産性本部

蒲谷宏，2011年，「コミュニケーション教育の意味を考える」，『日本語学』2011年1月号，
　　p.4-12，明治書院

佐久間勲，2008年，「非言語コミュニケーション」，岡野雅雄編著『わかりやすいコミュ
　　ニケーション学　基礎から応用まで』，p.31-55，三和書籍

中央教育審議会，2012年，「新たな未来を築くための大学教育の質的転換に向けて
　　～生涯学び続け，主体的に考える力を育成する大学へ～」，http://www.mext.go.jp/
　　b_menu/shingi/chukyo/chukyo0/toushin/1325047.htm，（検索日：2017年1月26日）

日本経済団体連合会，2016年，「新卒採用に関するアンケート調査」，http://www.
　　keidanren.or.jp/policy/2016/108_kekka.pdf，（検索日：2017年2月15日）

日本産業カウンセラー協会，2006年，『産業カウンセリング入門　改訂第3版』，日本産
　　業カウンセラー協会

箱田忠昭，2014年，『即戦力になる！！ビジネスコミュニケーション　第2版』，日経
　　BP社

マイケル・E・ハタズリー，リンダ・マックジャック，2005年，水谷榮二・林和恵監訳，木村けい子訳，『ハーバードで学ぶマネジメント・コミュニケーション』，生産性出版

平木典子，2009年，『改訂版　アサーション・トレーニング　さわやかな〈自己表現〉のために』，金子書房

平木典子，2012年，『アサーション入門　自分も相手も大切にする自己表現法』，講談社

平本相武，2006年，『五感で磨くコミュニケーション』，日本経済新聞出版社

本間正人・松浦理保，2006年，『コーチング入門』，日本経済新聞出版社

松下佳代，2015年，『ディープ・アクティブラーニング　大学授業を深化させるために』，勁草書房

松村清，2011年，『コミュ力』，商業界

松本茂，2009年，「大学におけるコミュニケーション教育の在り方：現状と改革への視座」，『スピーチ・コミュニケーション教育』第22号，p.7-9，日本コミュニケーション学会

宮原哲，2011年，「コミュニケーション研究と教育—現状と課題—」，『日本語学』2011年1月号，p.14-24，明治書院

第4章

リーダーシップを身につける

──自分らしさの追求

1. リーダーシップの重要性

　女性の地位向上は，男女共同参画を目指す人々にとって長年にわたる課題であり，その中でも指導的地位にある女性を増やすことは近年特に大きな政策課題となっています（羽田野，2008：196）。

　『男女共同参画白書（平成28年度版）』によると，管理職従事者に占める女性の割合は，2015年は12.5％です（図表4−1）。諸外国と比べても低い水準となっており，企業における役職者も，長期的には上昇傾向にあるものの，上位の役職ほど女性の割合が低く，係長級17.0％，課長級9.8％，部長級6.2％となっ

図表4−1　就業者及び管理的職業従事者に占める女性の割合

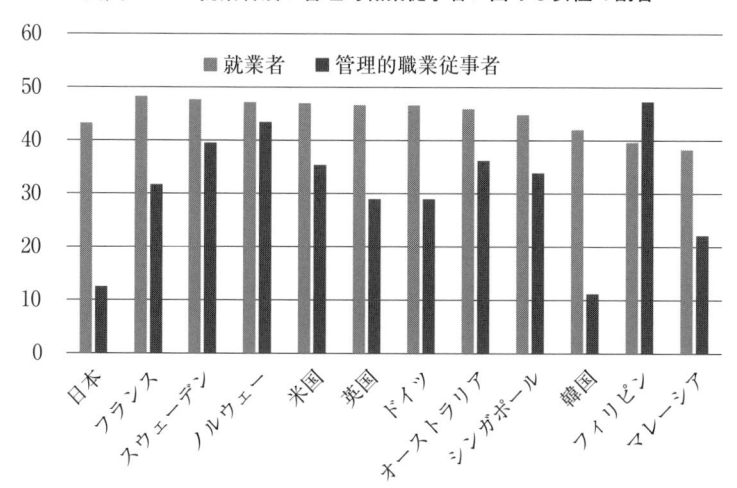

出典：内閣府，2016年，『男女共同参画白書（平成28年度）』，p.46，勝見印刷

図表4-2　階級別役職者に占める女性割合の推移

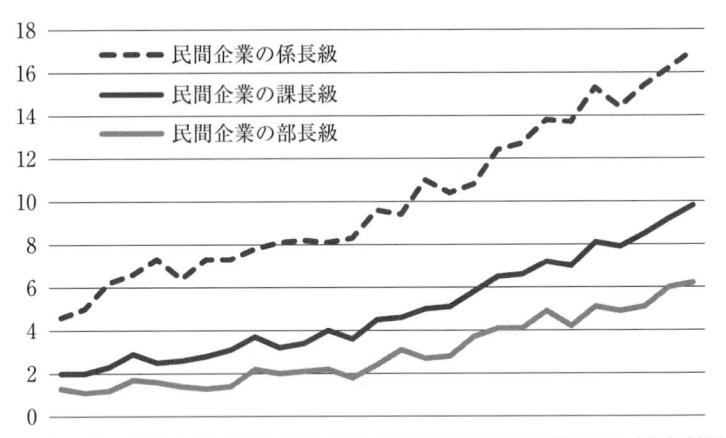

出典：内閣府，2016年，『男女共同参画白書（平成28年度）』，p.45，勝見印刷

　ています（図表4-2）（内閣府，2016：45-46）。

　管理職が少ない要因はさまざまありますが，厚生労働省の「雇用均等基本調査」によると「現時点では，必要な知識や経験，判断力等を有する女性がいない」という回答が断トツに多く，「女性が希望しない」が続いています（図表4-3）。

　本当に女性にはスキル・能力や意欲がないのでしょうか。もし本当にそうだとしたら女性管理職は永久に増えません。筆者は企業側が女性のスキル・能力や意欲を見逃しているとみています。ただし，女性の側も，スキルや能力を磨き，意欲を高める努力が必要です。そのための「基礎固め」を大学時代にするべきなのです。

2.「ビジネス・リーダー論」という授業

　1）経緯

　群馬県立女子大学国際コミュニケーション学部は2005年に開設された定員60名の小さな学部ですが，実践的な英語力，高度なコミュニケーション能力，国

図表4-3　女性管理職が少ない（全くいない）企業の理由

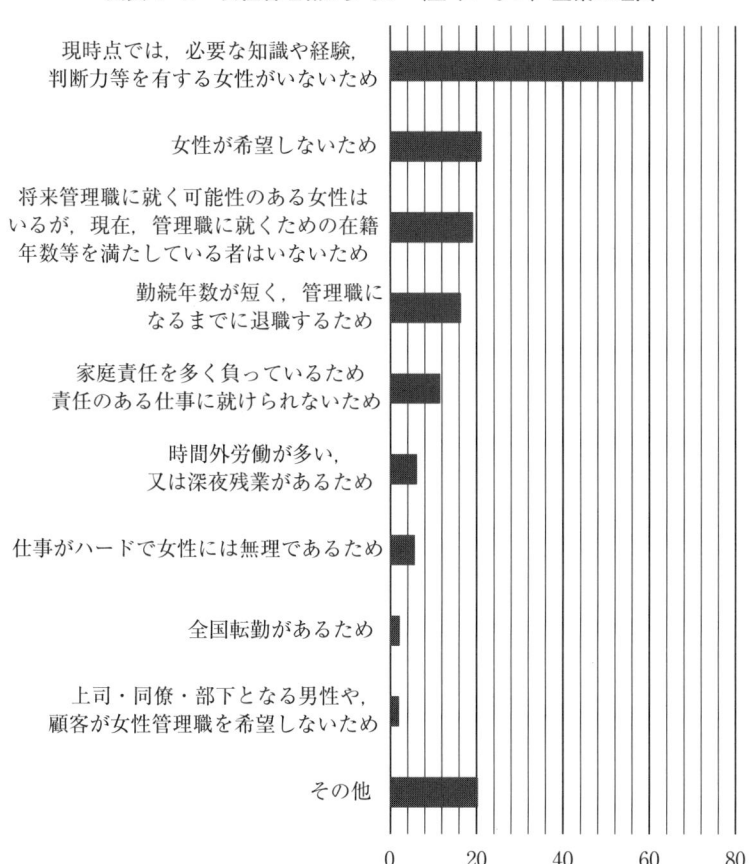

出典：厚生労働省，2014年，「平成25年度雇用均等基本調査」，p.4，http://www.mhlw.
　　　go.jp/file/05-Shingikai-12602000-Seisakutoukatsukan-Sanjikanshitsu_
　　　Roudouseisakutantou/0000056003.pdf，（検索日：2017年2月15日）

際社会で自立して活躍するために必要な知識及びリーダーシップを備えた人材
を育成することを目的としています。これまでも体系的な英語教育や充実した
留学支援，社会に進出する女性に必要不可欠な知識やスキルの伝授などに真摯
に取り組んできましたが，女性の活躍推進という現代的な政策課題を踏まえ，
グローバル社会で活躍する光り輝く女性リーダーを育成するという学部のミッ
ションを具現化するために「ビジネス・リーダー論」という科目を2012年に創

設しました。

　2）授業目標：

　「高い志と幅広い視野を有し，世界や地域，企業や組織のあるべき姿を追い求め，コミュニケーションを円滑にとりながら，変化を恐れず果敢に挑戦できる人材」の育成を志向し，ビジネス・リーダーとして必要な知識と技能を身につける。

　3）授業の内容（図表4-4）：

　　①講義・討議・ワーク……リーダーとしての経験の振り返り，自身の価値観の確認，モチベーション理論，リーダーシップ論，ストレス・マネジメント，チーム・ビルディング，マーケティング，イノベーションなど

図表4-4　「ビジネス・リーダー論」のフレームワーク

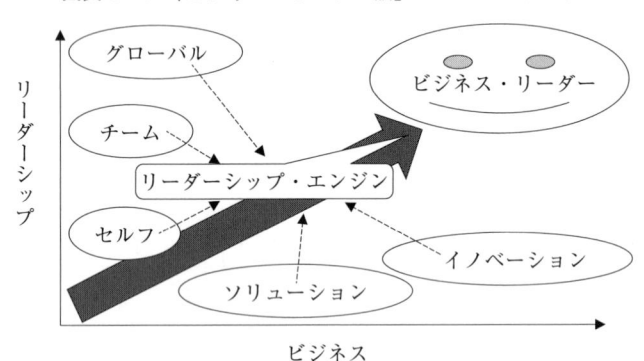

　　②グループ・ワーク……地域のさまざまな課題を取り上げ，少人数のグループを組成し，授業外の活動を積み重ね，最後に授業内でプレゼンテーションを実施

　　③小レポートＡ……「①今週の挑戦②今週の失敗③今週の喜怒哀楽」について毎週提出

　　④小レポートＢ……リーダーシップに関する論文の一説を読んでの感想文

　　⑤最終レポート……「私が目指すビジネス・リーダーとそれに向けた抱負や取り組むべき課題」について論述

　4）教員：実務経験を有する教員

　5）カリキュラム上の位置づけ：専門科目の中の基幹科目，履修は2年生以上

3.「ビジネス・リーダー論」の特色

　概要は上記のとおりですが「ビジネス・リーダー論」の特色はその運営方法にあります。

　第1にディスカッションを多用しています。人の意見を聴くことで新たな考えに出会い触発されていきます。他人の意見を引き出すこと，自分の意見をしっかり述べること，その中で合意形成を目指すこと，はリーダーの重要な役割です。

　第2に知らない人同士が出会うように仕向けています。旧知の友人同士で固まり"仲良しクラブ"に安住することが学生のひ弱さを助長していると考えました。トランプ・ペアリングと称し，クジ引きによって席を指定し，否が応でも初対面の人と意見を交換する機会を創出しています。グループ分けもアット・ランダムとして，学年や学部を超えた偶然の組み合わせとしています。「社会に出たら相手（上司・同僚・部下・取引先）を選ぶことはできない。どのような人と遭遇しようとも，何とか折り合いをつけながら組織の課題を達成していく必要がある」と伝えています。

　第3に原則として授業外でのグループ・ワークを課しています。スケジュール調整や役割分担をしながら課題を達成していくプロセスそのものが学びの機会になります。特定のリーダーをあらかじめ決めるのではなく，一人ひとりがリーダーのつもりで振る舞うよう指示し，自発的なリーダーシップの発揮を促しています。時折，授業内でもグループ・メンバー同士で座らせ，意見交換やアクティビティの機会を提供して結束が強まるように配慮しています。男性がいない中，女性同士ですべての役割を担うことができるのは女子大学ならではのメリットです。

　第4に一人ひとりの経験や感情を尊重し，自分自身と向き合う時間や機会を重視しています。リーダーとしての経験（成功・失敗含め）を振り返る機会を

設け，意見交換を行います。「過去があっての未来である。先走ることなく，これまでの足跡をじっくりと振り返ることはとても重要である」と論しています。毎回，授業の最後に自分と向き合う時間（5〜10分）を捻出し感想を書かせます。小レポートを課したことで授業外でも自分と向き合う時間を創出しています。個人での探究や振り返りは自己決定性を身につけていく上で重要なプロセスとなると言われています（日本女性学習財団，2006：42）。

　第5にアイス・ブレイク的なアクティビティを多く取り入れています。和気あいあいとした和やかな雰囲気を醸成することにより，授業展開が円滑になりました。グループ・メンバー同士が打ち解けるためにゲームを用いることもありました。楽しさと笑いは学びとよきリーダーシップにとって必須である，という意見（河見，2004：193-195）に筆者は賛同しています。

4．リーダーシップの基本

　ここで「ビジネス・リーダー論」の授業で伝授しているリーダーシップの基本をご紹介します。

（1）リーダーとなるための経験と学び

　南カリフォルニア大学のウォレン・ベニスは，『リーダーになる』という本の中で，「経験を糧に現場で成長する力こそ，リーダーの重要な才能なのだ」「逆境や想定外のできごとこそ，貴重な学びの機会になる」と述べています（ベニス，2008：220-225）。

　リクルートワークス研究所の谷口智彦客員研究員は，リーダーは変革を迫られるような人生の転機に遭遇し，困難や試練を乗り越えた経験を有するというウォレン・ベニスの見解も踏まえて，リーダー育成に効果的な8つの経験を挙げています（図表4-5）。

図表4-5　リーダー育成のための8つの経験

基本をつくる4つの仕事経験
・初期の仕事経験

新卒入社時には生活習慣，出会う人，取り組む仕事など「初めて」の要素ばかりだ。その未知の世界と向き合う中で，多種多様な仕事をこなし，偏りなく学ぶことが重要である。
- 上司から学ぶ経験

上司がロールモデルとなりうるいい影響もある一方で，反面教師となる場合もある。部下は上司の行動や言動を良くも悪くも観察し，そこから得た教訓を，自分の仕事にフィードバックする。
- 人事異動の経験

離れた地域への異動，新しい人間関係，職能の変化などによって，地理的環境や文化，コミュニケーションの取り方，役割や仕事の中身の違いに直面し，視野が広がり，異なる視点から仕事を眺めるきっかけを得る。
- プロジェクト型の仕事経験

目標が明確，組織横断的，多くの調整業務が発生する……これらの理由からプロジェクトチームでの仕事経験は，仕事を成果に結びつける行動と，メンバーに対する配慮というリーダーシップの基本を学ぶ重要な機会になる。

試練を与える4つの経験
- 管理職になる経験

「上司の視点」が加わる。権限の範囲が広がり，業績や成果に対する責任が増し，他部署に対する影響力が大きくなる。最初は変化に戸惑い，悩むはずだが，部下との関係を調整し，仕事の情報を整理して，自らの役割を再認識することで乗り超えられる。
- 海外勤務経験

多種多様な異質な価値観，文化，仕事のスタイルにさらされる。その中で多様性を受け入れることで，仕事の幅が広がり，多彩な視点を培う機会となる。
- 立ち上げの経験

ゼロから始めて，すべてのリスクと責任を負いながら「方向を定め，人を集め，束ね，必要な知識やスキルを習得し，成し遂げる」というリーダーシップ開発の貴重な場となる。
- 修羅場の経験

事業や危機状態の組織を立て直したり，失敗やキャリアの挫折を乗り越えることで，自己の限界と弱点を認識し，人への温情といったリーダーシップのソフトな側面，制御不可能な状況への対処，柔軟な思考や行動などを学ぶ機会となる。

出典：谷口智彦，2009年，「経験を学びに変える仕組みを現場のOJTに埋め込む」，『Works』第93号，p.40，リクルートワークス研究所

　こうした経験は大なり小なり学生時代にも経験できるものです。特にサークル活動やアルバイト経験では年齢や世代の異なる人達と協力して物事を進めて

いく必要があります。サークルのリーダーは管理職になる経験，留学経験は海外勤務経験におきかえて考えることができます。うまいかない経験も修羅場として貴重な機会になることを認識しているか否かで，立ち向かい方が異なってきます。

　こうした経験から学ぶことの根底にあるのが，「経験学習サイクルモデル」です（図表4-6）。谷口氏によれば，具体的な経験にぶつかると，戸惑いや不安といった感情的な揺れが起きます。そうした揺れを抱えた状態でトラブルやミスに遭遇すると，人はそこで何らかの対応策を考え，行動に移します。そして「なぜこんなことが起こったのか」「なぜうまくいったのか」と自らに問いかけ，起きたことと対処した自分自身の行動と結果に意味づけをします。すると，バラバラに起こった出来事がつながり，1つの意味に統合されていきます。つまり，自らの学びが言語，理論，持論になり，その後，その学びをどんな場面で適用できるか再度とらえ直し，試してみます。こうした過程を通じて，経験が際限可能な学びに変わっていくのです（谷口，2009：41）。

　「ビジネス・リーダー論」の授業では，経験を通した学びを振り返り，経験学習モデルを説明した上で，積極的に経験を積み重ねていくことを呼びかけています。具体的には，①大学生活において，②社会人として，③人として，

図表4-6　経験学習サイクルモデル

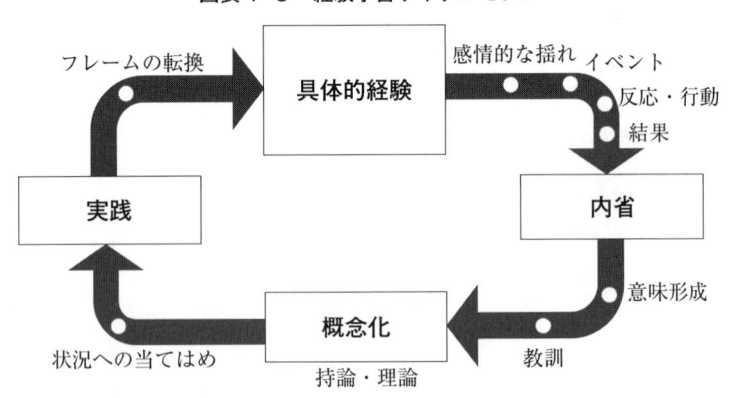

出典：谷口智彦，2009年，「経験を学びに変える仕組みを現場のOJTに埋め込む」，『Works』第93号，p.41，リクルートワークス研究所（一部修正）

「今後，自らのリーダーシップを磨いていくためにどんな経験を積み重ねたい
ですか」を問いかけ，ディスカッションをさせています。そして，手がかりと
して組織変革コンサルタントである門田由貴子さんの『選ばれる人になる34の
習慣』から10個を選び出し，「自分をゴシゴシ磨く習慣」として紹介していま
す（図表4-7）。

図表4-7　自分をゴシゴシ磨くための習慣

1．リアクション上手は，受け取り上手
　・話し手をよく見て，表情豊かにリアクションしながら話を聞く。
2．理性の力でモチベーションを高める
　・「すべきこと」のメリットとデメリット，目的を考えて，ヤル気を高める。
3．「選択と集中」で，No.1のスキルを手に入れる
　・テーマを決めて集中的に勉強し，自分の得意分野を作る。
4．優れた人・格上の人から刺激を受ける
　・自分より優れた人・尊敬すべき人に会って優れた点を学ぶと共に我が身を振り
　　返る。
5．行動・思考・感情を記録して，教訓を導く
　・毎日，自分の行動・考え・反省・教訓を記録することにより，人格を磨く。
6．会議とホウレンソウの前に，メモを作る
　・発言する時や報告・連絡・相談の前に，話すべき内容を考え，メモに整理する。
7．アイディア増幅装置を使いこなす
　・思いついたことをその都度記録（手帳に書いたり，携帯に記録）し，時折振り
　　返る。
8．広く可能性を検討して，できる限り「YES」と言う
　・誰もが不可能だと思うようなことでも，常にポジティブにその可能性を検討す
　　る。
9．自分のココロと向き合い，自己理解を深める
　・自分の強みと弱み，才能や資質，自分の力の限界など，自分への理解を深める。
10．小さな変化から，意味を読み取る
　・「自分にとってどのような意味があるのか」と問いかけ洞察力や情報感受性を
　　磨く。

出典：門脇由貴子，2011年，『選ばれる人になる34の習慣』，ダイヤモンド社，（一部修正）

　学生からは「自分の今までのリーダー経験が役に立っていることがわかった。
何事にも変化を好まないタイプで，ファッションや髪型以外はできるだけ変え

たくないと思っていた。しかし，それでは成長できないのでもっとたくさんチャレンジしてみようと思った」「自分が思い出したリーダー経験は失敗談だったが，それを通して学んだことも沢山あったし，ディスカッションすることで，他の人からどう見えるかが知れてとても良かった。リーダーになるためには，やはり多くのことが求められているのだと改めて実感させられた。この授業を機に，理想のリーダー像に向けて自分を磨いていきたい」「リーダーシップを培うため“こうしなくてはいけない”“こうなりたい”という思いは今でもあるが，実際そのためにどのような経験を積むべきか考えていなかったことに気づいた。“なりたい”だけで終わらせてはダメで，実際に何をしなくてはいけないのか考えることが必要である。小さなことから大きなことまでリーダーシップを発揮するチャンスはあるため，自分の課題を改善しながら成長してきたい」という感想が寄せられました。

（2）モチベーション理論

　モチベーションは行動の原動力です。「やりがいのある仕事をしたい」これは就職活動を行う学生のみならず，社会人にとっても切実な願いです。何にモチベーションを感じるかは人によって異なりますが，理論的枠組みを理解しておくことはリーダーに不可欠な素養です。

　モチベーションは動機づけと言われています。モチベーションは，人はなぜ働くのか，あるいは人はなぜ特定の行動をするのかを説明する概念です。モチベーションは個人の内部で発生し行動を誘発する動因と，行動の対象になる目標，すなわち誘因の相互作用のプロセスで発生します。動因は個人の内部（ウチ）にあり，言わば行動へと駆り立てるもので，欲求や願望と呼ばれることもあります。一方，誘因は個人の外部（ソト）にあるもので，行動の目標となる対象です。このように，私達の行動は内なる動因と外なる誘因の相互作用によって引き起こされています（図表4-8）（高橋，2009：205-206）

　最も有名なモチベーション理論は心理学者エイブラハム・マズローが提唱した「欲求5段階説」です。人間の欲求は低次の「生理的欲求」から「安全欲求」「社会的欲求」「尊厳欲求」そして高次の「自己実現欲求」まで5段階に分けられるというものです。低次の欲求が満たされると，より高次欲求を求める

図表 4 - 8 　動因と誘因

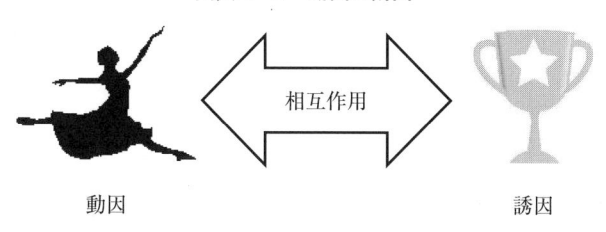

動因 相互作用 誘因

ようになり，現在満たされている欲求よりも低い次元の欲求を満たしても満足しません（図表 4 - 9 ）（生方，2010：30-31）。

図表 4 - 9 　欲求 5 段階説

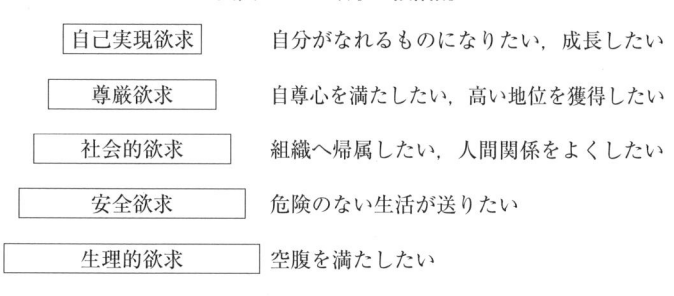

自己実現欲求	自分がなれるものになりたい，成長したい
尊厳欲求	自尊心を満たしたい，高い地位を獲得したい
社会的欲求	組織へ帰属したい，人間関係をよくしたい
安全欲求	危険のない生活が送りたい
生理的欲求	空腹を満たしたい

出典：生方正也，2010年，『図解で学ぶビジネス理論　人と組織編』，p.31，日本能率協会マネジメントセンター（一部修正）

　社会心理学者のダグラス・マクレガーは，従来の通説だった「人間は仕事が嫌いで，責任をもつことを好まない」という否定的な人間観に対して，全く正反対の「人間は仕事に対して前向きに取り組み，進んで責任を引き受けようとする」という肯定的な人間の見方を見出しました。前者をX理論，後者をY理論と言います。どちらの見方をするかによって，管理の手法が異なってきます。X理論では，強制，狭い裁量，厳しい罰則，公式の命令が効果的です。一方，Y理論では，広い裁量，成功した場合のインセンティブ設定，上司と共同での目標設定など，社員の自主性を発揮させるような手法が効果的になってきます（図表 4 -10）（生方，2010：32）。

図表4-10　X理論・Y理論

	X理論	Y理論
人間観	人間は仕事が嫌いで，責任をもつことを好まない	人間は仕事に対して前向きに取り組み，進んで責任を引き受けようとする
管理方法	強制，罰則，公式の命令による厳しいマネジメント	広い裁量，インセンティブ，目標設定への関与など自主性を尊重した緩やかなマネジメント

出典：生方正也，2010年，『図解で学ぶビジネス理論　人と組織編』，p.33，日本能率協会マネジメントセンター（一部修正）

　心理学者のフレデリック・ハーズバーグは動機づけ・衛生理論を提唱しました。「人は仕事に何を求めるか」を調査研究した結果，人々の仕事から得られる満足感と，仕事に対する不満をもたらすものが異なることに気づきました。仕事から得られる満足感は仕事そのものの持つやりがいが中心なのに対し，不満の原因は人間関係や作業条件，報酬などの職場環境に関するものが中心でした。つまり，仕事に対する満足感を高める要素と，不満を解消する要素は異なるため，どちらか一方の改善に努めるのではなく，両者をミックスしたような施策をとることが大切です（図表4-11）（生方，2010：34-35）。

図表4-11　動機づけ・衛生理論

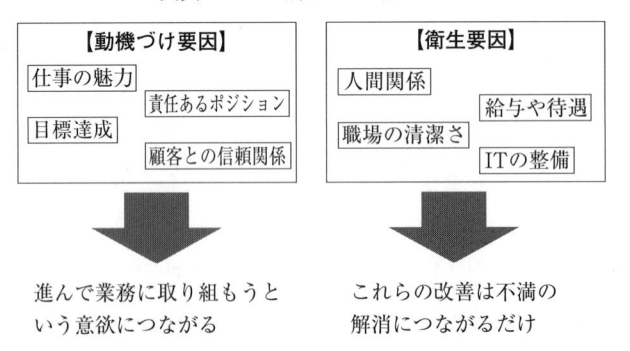

出典：生方正也，2010年，『図解で学ぶビジネス理論　人と組織編』，p.35，日本能率協会マネジメントセンター（一部修正）

　ハーバード大学のデイビッド・マクレランドは，人は３つの欲求を持っていると主張しました。第１に達成欲求です。人は成功したい，前回よりうまくやりたいという欲求を持っています。第２に権力欲求です。人は他の人に影響を与えたいという欲求を持っています。第３に親和欲求です。人は他人と協力しながら，お互いを理解し合えるような人園関係を求めています。興味深いのは達成欲求の高さと仕事の内容です。達成欲求が高い人は難しすぎる課題には尻込みしてしまう可能性があります（図表4-12）（生方，2010：36）。

図表4-12　３つの欲求理論

【権力欲求】
高い地位に立ちたい，他人をコントロールしたい

【達成欲求】	【親和欲求】
成功したい，うまくしたい 的確に業務をこなしたい	他人と協力し，理解しあい たい

出典：生方正也，2010年，『図解で学ぶビジネス理論　人と組織編』，
p.37，日本能率協会マネジメントセンター（一部修正）

　期待理論によると，人の意欲は「ある行動が成果につながるという期待」「成果があがると報酬が得られるという期待」「得られる報酬の魅力度」によって決まります。これら３つのうち１つでも低くなってしまうとモチベーションも低下します。つまり，「やればできる」「できれば成果がある」「成果が魅力的である」という好循環が意欲を駆り立てるのです（図表4-13）（小樽商科大学キャリア教育開発チーム・キャリアバンク，2008：50-51）。

　リンクアンドモチベーション社長の小笹芳央氏は，２つのマジックを駆使してモチベーションを高めることを提唱しています。１つは仕事が魅力的であると意味づけすることで「目標を達成したい！」と強く動機づける「目標のマジック，もう１つが部下の背中を押して，目標達成は可能であるという安心感を醸成する「安心のマジック」です（小笹，2011：48）。

　「目標のマジック」には，物事を抽象化する階段を上るように仕事の意義や魅力に気づかせる「ラダー効果」，人は自分で選ぶと楽しく思えることから選

図表4-13 期待理論

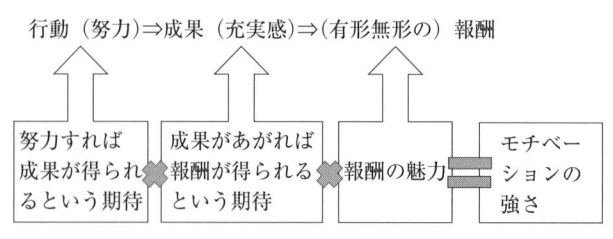

出典：小樽商科大学キャリア教育開発チーム・キャリアバンク，2008年，『自分と仕事を考えるヒント1 大学のムコウ』，p.50，日本経済評論社（一部修正）

択権を与える「オプション効果」，ライバルに負けたくないという競争心に火をつける「ライバル効果」，あの人のようになりたいという憧れを利用する「ロールモデル効果」があります（小笹，2011：48-49）。

「安心のマジック」には，途中経過となる目標をいくつか設定する「マイルストーン効果」，経験豊富な先輩が寄り添う「エスコート効果」，同じ境遇に置かれている者同士が集まり悩みを共有する「マッサージ効果」，失敗したら責任を取ると上司が安全網を提示する「セーフティネット効果」があります（小笹，2011：49-50）。

これらを組み合わせ一人ひとりの特性に合わせてあの手この手でやる気を喚起していきます。モチベーションは自然に湧き上がってくるのもではなく，人の言動が人のモチベーションを左右するのです。モチベーション理論は自らを奮い立たせる時にも有用であり，古典的なモチベーション理論から小笹氏が提唱する2つのマジックまで，モチベーションを高める方策に精通していることは強い武器になります。

学生からは「やる気というのはさまざまな手段を用いて起こすことができることを改めて理解できた。自分に合った方法，また人に合った方法を見極められる力をつけたい。安心感や負けん気，勇気をもたせるなど，それそれの面があることも覚えておく」「モチベーションを高めるには言動の力を使うことがとても大切だ。何か褒められるだけでもやる気は起きるし，さらに行動を伴っていけば素晴らしいものなっていく」「モチベーションを上げる方法は沢山あるのだと改めて感じた。何か目標を自分が達成したいとき，皆を巻き込んで達

成したいときなど，自分のモチベーション，仲間のモチベーションを高めることは「達成」につながると思うし，「達成」にはつながらなかったとしても，「過程」がより有意義になると感じた」「落ち込んだり，不安があったときに，乗り越えるためのモチベーションは自分1人で高めているのではなく，いつでも私の周りの人が安心感を与えてくれるからだと気づいた。周囲の人々の影響はとても大きく，感謝しなければいけない。また自分自身も目標をしっかり持ち，モチベーションを高め，進んで新たなことにもチャレンジしたい」「自分もちろんであるが，他人のモチベーションを高めるのは簡単ではない。しかし，モチベーションを高める理論や学び，人の中がすこしわかり，実際に活用できると思った。一番新鮮に感じたことは，人との関係性の中で生まれるということである。今日知ったことをサークルの場などで活かしたい」という感想が寄せられました。

（3）リーダーシップ論

　リーダーシップはマネジメントと異なります。リーダーシップ論の世界的権威であるウォレン・ベニスが両者の重要かつ決定的な違いを掲げています（図表4-14）（ベニス，2008：97）。

　マネジメントは効率的に組織を運営する機能であり，リーダーシップは変革を推し進める機能です。もちろん現実的には両者の機能が求められていますが，リーダーの本質は昨日とは違う明日を描き，実現できることです。

　リーダーシップ論は時代と共に変遷していきます。大きく，特性理論→行動理論→状況適合理論→多彩なリーダーシップ論と変わってきました。特性理論は，優れたリーダーの持つ資質に注目し，どんな資質が優れたリーダーに必要なのかを究明したものです。例えば，意欲的，影響力，誠実さ，自信，知性，専門知識などです。ただし，資質を特定することの弊害もあり，大きな流れにはなっていません（生方，2010：136-137）。

　行動理論は優れたリーダーの取る行動に注目したものです。多くの研究では，「人間関係志向」と「タスク志向」の2つを基軸においています。社会心理学者の三隅二不二氏は「PM理論」を提唱しました（図表4-15）。目標達成機能をPerformanceの頭文字をとってP機能，集団維持機能をMaintenanceの頭

図表4-14　リーダーシップとマネジメント

- マネージャーは管理し，リーダーは改革する。
- マネージャーはコピーし，リーダーはオリジナルである。
- マネージャーは維持し，リーダーは発展させる。
- マネージャーはシステムと構造に焦点を合わせ，リーダーは人間に焦点を合わせる。
- マネージャーは管理に頼り，リーダーは信頼を呼びこす。
- マネージャーは目先のこととしか考えず，リーダーは長期的な視野を持つ。
- マネージャーは「いつ，どのように」に注目し，リーダーは「何を，なぜ」に注目する。
- マネージャーは現在の数字を追いかけ，リーダーは未来のあり方を追求する。
- マネージャーは模倣し，リーダーは創造する。
- マネージャーは現状を受け入れ，リーダーは現状変革に挑戦する。
- マネージャーは優秀な組織人であり，リーダーはその人自身である。
- マネージャーは物事を正しく処理し，リーダーは正しいこことする。

出典：ウォレン・ベニス，2008年，伊藤美奈子訳，『リーダーになる［増補改訂版］』，p.97-98，海と月社

図表4-15　PM理論

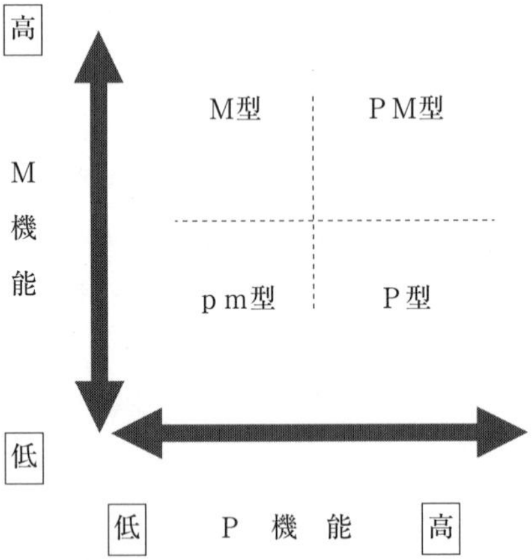

出典：高橋修，2009年，「リーダーシップとモチベーション」，経営学検定試験協議会監修，経営能力開発センター編，『経営学検定試験公式テキスト⑤人的資源管理』，p.200，中央経済社

文字をとってM機能と名づけ，リーダーがP機能，M機能をどの程度発揮しているかという視点からリーダーシップを類型化しました。リーダーシップの類型と効果の関係は，生産性においては PM 型＞P 型＞M型＞ pm 型の順で，部下のやる気は PM 型＞M型＞P 型＞ pm 型の順でした（経営能力開発センター，2009：199）。実際のところ PM 型リーダーが少ない場合には，P 型人材とM型人材を組み合わせて配置することも現実的な対応です。

　状況適合理論は，優れたリーダーシップを発揮するのに特定の資質や行動が必要なのではなく，状況の違いによって成果を発揮するリーダーは異なるという理論です。心理学者のフレッド・フィドラーは LPC 理論（LPC とは「最も苦手とする仕事仲間」（least-preferred coworker)」という意味で調査の中の概念で利用されています）を提唱しました（図表 4-16)。LPC 理論では，好ましい状況や好ましくない状況ではタスク志向のリーダーシップが有効であり，普通の状況では人間関係志向のリーダーシップが有効です（経営能力開発センター，2009：201)。個人的に解釈すれば，平時に信頼感や緊密な人間関係を構築し，攻めと守りの緊急時にはタスクに邁進せよ，ということです。

図表 4-16　LPC 理論

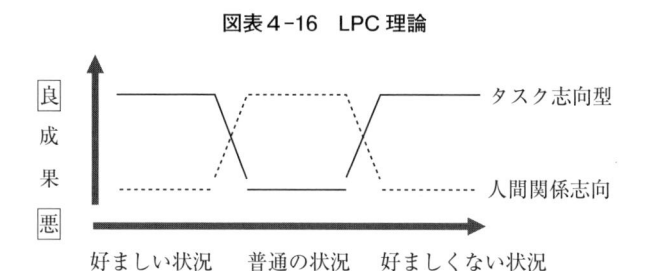

出典：高橋修，2009年，「リーダーシップとモチベーション」，経営学検定試験協議会監修，経営能力開発センター編，『経営学検定試験公式テキスト⑤人的資源管理』，p.201，中央経済社（一部修正）

　状況適合理論のキモは臨機応変ということです。組織の状況やメンバーの成長度合いによって，切るカードは異なってきます。多面的なリーダーシップ・スタイルを習得しておくことが望ましく，そのためにも日頃から経験値を重ねておくことが大切です。

　多彩なリーダーシップ論もいくつか紹介します。先ずは「サーバント・リーダーシップ」です。「サーバント・リーダーシップ」はロバート・グリーンリーフが唱えた概念で，まず相手に奉仕し，その後相手を導くものです（図表4-17）。第1にリーダーはフォロワーに対して引っ張りたいという気持ちが最初に来るのではなく，フォロワーに対して奉仕したい，尽くしたいという気持ちが最初に来ます。そのような気持ちで接しているうちにやがて導きたいという気持ちが湧いてきます。第2に地位や権力といったパワーに訴えるのではなく，奉仕の精神に基づいてフォロワーの気持ちを慮ります。第3に単にリーダーがフォロワーを気遣うだけでなく。フォロワーが組織の目的の達成に向けて献身的になることによってなされなければなりません（小野，2013：126-127）。

図表4-17　サーバント・リーダーシップ

従来のリーダーシップ：先頭に立ってグイグイ組織を引っ張っていく
　　　　↓
サーバント・リーダーシップ：
　　　　　　組織の目的を実現するためにフォロワーに奉仕する

出典：小野善生，2013年，『最強の「リーダーシップ理論」集中講義』，p.131，日本実業出版社（一部修正）

　ハーバード大学のリンダ・ヒルが提唱するのが「羊飼い型リーダー」です。（図表4-18）新興国経済に関心を抱き，研究してきたリンダ・ヒルは背後から指揮し，集合体としての力を発揮する「羊飼い型リーダー」という概念を見出

図表4-18　羊飼い型リーダーシップ

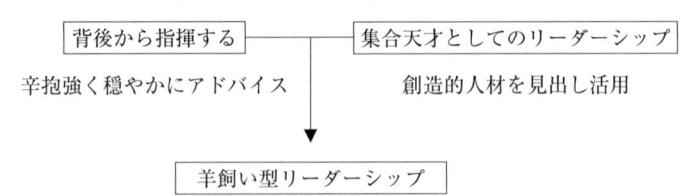

出典：リンダ・ヒル，2009年，スコフィールド素子訳，「未来のリーダーシップ」，『DIAMONDハーバード・ビジネス・レビュー』2009年2月号，p.78-89，ダイヤモンド社　を元に筆者が作成

しました。辛抱強く穏やかにアドバイスしながら後押しし，メンバー達がリーダーシップを発揮できる環境を整えます。そしてさまざまなグループに存在する創造的な人材を見出し，活かします。背景としては，グローバル化の進展により多様なバックグラウンドを持つメンバーが当たり前になったこと，イノベーションの発揮にはチーム・アプローチが求められることがあります（ヒル，2009：78-89）。

　コンサルタントのマリリン・ローデンは女性特有の才能と能力を活かしたフェミニン・リーダーシップの発揮に期待しています（図表4-19）。女性リーダーは他の人と密接な個人的関係を保っていくことを心がける傾向があり，意思決定をする時に基本的な事実だけでなく感情も考慮し，誰かが敗者になる傾向を避け，皆が勝者になるような解決を図ります。短期的で個人的な昇進よりも，自分や動力がお互いに依存している組織の長期的な安心感を重視します。もちろんこうした資質は，女性であればだれでも同じようにある訳でなく，男性リーダーに全く欠けているという訳でもありません（ローデン，1987：86）。

図表4-19　リーダーシップ・スタイル

	男性的リーダーシップ	女性的リーダーシップ
経営管理方式	競争	協力的
組織構造	階層制	チーム
基本目的	勝利	高品質のアウトプット
問題解決方式	理性的	本能的並びに合理的
主な特徴	高度な管理 戦略的 非感情的 分析的	最小限のコントロール 感情移入方式 共同作業 高度な行動基準

出典：マリリン・ローデン，1987年，山崎武也訳，『フェミニン・リーダーシップ』，p.44，87-88，日本能率協会

　女性的なリーダー像として，ジョン・ガーズマとマイケル・アントニオも，柔和で賢明で静かな強さという特質を表明しています（図表4-20）（ガーズマ・アントニオ，2013：30-31）。

図表4-20　女性リーダーの資質

> つながり─人脈を築き保っていく能力
> 謙虚─よく話を聞いて他人から学び，手柄を分かち合おうとする姿勢
> 率直─包み隠さず誠実に話をしようという意思
> 忍耐─解決策がすぐに見つかるとは限らないという認識
> 共感─他者への深い理解につながる気配り
> 信頼─信頼される実績と人柄
> 寛容─すべての人や考え方を受け止めるあり方
> 柔軟性─必要に応じて変化，順応する力
> 弱さ─自分は完璧ではなく失敗もあると認める勇気
> 調和─調和の取れた目的意識

出典：ジョン・ガーズマ，マイケル・アントニオ，有賀裕子訳，『女神的リーダーシップ』，
　　　p.30-31，プレジデント社

　実践女子大学の谷内篤博先生は活力形成機能を発揮する触媒型リーダーシップを提唱しています（図表4-21）。これは，業績達成機能（P機能：Performance）と支持・援助機能（S機能：Support）に加えて活力形成機能（E機能：Energy）を加えた3次元のリーダーシップ理論です。E機能によって，職場に面白さを醸し出して部下をエキサイトさせることにより，組織全体を質的に高い次元へと転化させます。面白さとは，知的興奮を身体に感じ物事に没頭している状態です。触媒型リーダーは，自らも燃え，面白さの仕掛け人としてメンバー同士をお互いに反応（燃焼）させながら，メンバーの自律性や自主性を尊重しつつ，集団の流れを変革していきます。（谷内，2016：234-237）

　学生からは「今までリーダーには一定の素質や特性があるものだと思っていたが，今回習ったリーダーシップは多種多様であり，色々なタイプのリーダーシップがあっていいのだと思った」「"リーダーとはこういうもの"という形を意識していたが，リーダーには様々な形があり，状況によっても変化するものだと学んだ」「リーダーには1つの力だけでなく，さまざまな能力が必要なのだとわかった。リーダーシップをとるということは，その周りに人がいて，その人たちとの人間関係を良好に保志ながらも先頭に立つことが大切である。私は今までリーダーというとメンバーをグイグイ引っ張っていくイメージがあっ

図表4-21　触媒型リーダーシップ

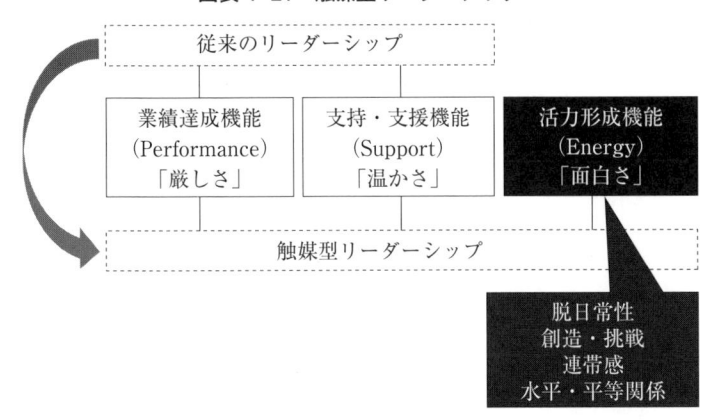

出典：谷内篤博，2016年，『個性を活かすマネジメント　近未来型人事革新のシナリオ』，p.236，勁草書房　を参考に筆者が作成

たが，今必要されているのは一見リーダーらしからぬリーダーなのかもしれないと感じた。勢いがあるが身近に感じられるリーダーになれるように頑張りたい」「リーダーシップとマネジメントの表を見て，自分がこれまでやってきたことはマネジメントに近いと思えた。また羊飼い型リーダーが自分の理想に近いと感じた。自分が直接前から引っ張っていくのではなく，普段は見守っているけれど，いざという時に手を差し伸べられる存在になりたい」「リーダーシップというと堅苦しいイメージがあるが面白いリーダーであったらついていきたいと思うし，もし自分がリーダーになる機会があったらそんなリーダーになりたい」「ただ目標に向かって努力するだけのものではなく，"楽しい"という気持ちもとても大切だと感じた」という感想が寄せられました。

5．「ビジネス・リーダー論」の受講生評価

（1）総体評価

　総体としての評価を確認したところ「大変満足5，満足4，どちらともいえない3，不満2，大変不満1」とした平均ポイントは4.72と高い満足度でした。
　学生からは「リーダー論というものを超えて沢山のことが学べた。特にこの

授業は自分の考え，他の人の考え方を尊重するものだったので，普段だったら考えないようなことまで考え，互いの意見を述べ合ったのがすごく良かった」「学ぶことの楽しさ，受け身でなく自分から発信することの重要性，リーダーやビジネスに関する知識，本当に沢山のことを学べた」「今までにない授業だった。先生の話を聞き，自分で考え，人の意見を聞き，また自分で考えるというプロセスを繰り返し，考える力が高まった」「とても新しい授業であった。先生の意見を押し付けるわけでもなく，あくまで学生が主体。自分自身と向き合うことが多くなった気がする」「今までに受けたことのない講義法・講義内容で，毎回ワクワクしながら受講できた。ビジネス・リーダーという考えが根本にあっての授業だったが，リーダーとしてというよりも人として成長するきっかけを与えてもらったという思いの方が強い。とても内容の濃い授業であった」という感想が寄せられました。

（2）受講後の意識変化

　受講の前後における「意識」の変化を確認したところ「大いにあった5，あった4，どちらともいえない3，あまりない2，ない1」とした平均ポイントは4.50とかなりの変化が認められました。

　学生からは「いつも居心地の良い場所に留まり続けてはいけないと思った」「授業内で，初対面の人とペアやグループ・ワークをやったり，発言したり，最初は"やらされ感"というか，授業の課題という意識があった。でも，やっているうちに"やりたい"と思うようになり，その意識は授業内だけでなく，他の授業や私生活にも現れてきた」「よく考えるようになった。社会人になった時，どういう人間になりたいか，それを超えて，どのように生きていきたいか，を考えることが多くなった」「組織の中での自分という新たな視点が芽生えた。組織の利益の最大化に，自分はどのように関わっていけるのかを考える機会が多くなった」「"リーダーとは"という概念が変わったことに加え，必要な条件は様々な経験から養うものだと気づいた」「"チームメイトがやる気がないから""自分がやった方が早いから"ではなく，どうしたら動いてもらえるかを先ず考えるようになった」「一番変わったと思うところは毎週の課題"今週の挑戦"をきっかけに毎日をしっかり充実させて過ごそうと思うようになっ

たことである」「就職活動，企業，日本の未来などマイナス志向であったところにプラスの要素が加わり，前向きに取り組んでみようと思うようになった。この授業を取らなかったらと思うと怖いくらいである」という感想が寄せられました。

（3）受講後の行動変化

受講の前後における「行動」の変化を確認したところ「大いにあった5，あった4，どちらともいえない3，あまりない2，ない1」とした平均ポイントは4.19と相応の変化が認められたが，アンケートの実施が受講直後ということもあり "意識変化＞行動変化" という結果となりました。

「相手のことを考えて行動するようになった。支え合うことが楽しいことだと知った」「何となく課題をこなすというよりは，どうよりよい将来を作るか，自分に必要な変革は何かを意識しながら行動するようになった」「挑戦する気持ちが強くなった。なりたい自分になるためには，今何をしなければいけないかを考え，行動できるようになった」「前向きに積極的に行動を取れるようになった。やらされていると感じていることに対して，どうしたらやりたいと思えるようになるのかを考え行動に移せるようになった」「最初はレポートのためにしていた "今週の挑戦" も次第に今の自分を発展させるために必要なことは何かを考え，取り組むことができた」といった感想が寄せられました。

（4）受講後に高まった意識・意欲やスキル

受講後に高まった意識・意欲やスキル　を確認したところ「大変高まった5，やや高まった4，どちらともいえない3，あまり高まらなかった2，高まらなかった1」とした平均ポイントで上位になったのは「グローバル人材への意欲（グローバル人材として活躍することへの意欲）」「地域への愛着（題材として取り上げたことから）」「リーダーシップ・エンジン（リーダーとして成長していきたいという意欲）」「傾聴力（相手の話を丁寧に聴く力）」「柔軟性（意見の違いや立場の違いを理解する力）」「イノベーション意欲（社会や企業を変革していく意欲）」「チャレンジ精神（日頃から様々なことに挑戦する意欲）」「前向きな人生観（これからの人生に前向きに取り組む意欲）」「ビジネスに対する期

待感（企業活動に期待する気持）」「未来への期待感（未来を創造していくワク
ワク感）」でした（図表4-22）。

図表4-22　受講後に高まった意識・意欲やスキル

①	グローバル人材への意欲 （グローバル人材として活躍することへの意欲）	4.53
②	地域への愛着　（題材として取り上げたことから）	4.52
③	リーダーシップ・エンジン（リーダーとして成長していきたいという意欲）	4.50
③	傾聴力（相手の話を丁寧に聴く力）	4.50
⑤	柔軟性（意見の違いや立場の違いを理解する力）	4.47
⑥	イノベーション意欲（社会や企業を変革していく意欲）	4.44
⑦	チャレンジ精神（日頃から様々なことに挑戦する意欲）	4.41
⑦	前向きな人生観（これからの人生に前向きに取り組む意欲）	4.41
⑦	ビジネスに対する期待感（企業活動に期待する気持）	4.41
⑩	未来への期待感（未来を創造していくワクワク感）	4.38
⑪	好奇心（新しいものへの好奇心や進取の精神）	4.31
⑫	人間に対する信頼感（他者や他人を信頼する気持ち）	4.28
⑬	キャリア意識（働くことに対する意欲）	4.26
⑭	主体性（物事に進んで取り組む力）	4.25
⑮	発言力（相手の意見や質問を踏まえて自分の意見を述べる力）	4.22
⑯	将来に向けた夢や目標	4.16
⑰	実行力（目的を設定し確実に行動する力）	4.13
⑱	異文化対応力 （異なる文化や考え方を持つ人と一緒に活動に取り組む力）	4.13
⑲	発信力（自分の意見をわかりやすく伝える力）	4.00
⑳	状況把握力 （自分と周囲の人々や周囲の物事との関係性を理解する力）	3.95

6. リーダーシップを身につける授業

　女性の活躍推進に向けて女子大学が果たすべき役割は大きいと考えていますが，科目として実効的なリーダーシップ教育を行っている事例はきわめて僅少です。

　女子大学の存在意義が問われている中，女子大学はその特性と使命を明確にした上で実効的な教育実践を行うことで有用性が向上します（三宅，2009：29）が，"リーダーシップ"は21世紀の女子大学の戦略的課題の1つです（河見，2004：192）。全国津々浦々，大小さまざまな大学が創意工夫を凝らし，女子大学におけるリーダーシップ教育が"百花繚乱"の様相を呈して広がっていくことを期待しています。

コーヒーブレイク4：グローバル人材の視座

　グローバル化とは，情報通信・交通手段等の飛躍的な技術革新を背景として，政治・経済・社会等あらゆる分野で，「ヒト」「モノ」「カネ」「情報」が国境を越えて高速移動し，金融や物流の市場のみならず，人口・環境・エネルギー・公衆衛生等の諸課題への対応に至るまで，全地球規模で捉えることが不可欠になった時代状況を指します（グローバル人材育成会議，2012：8）。

　グローバル人材育成推進会議では，グローバル人材の条件を図表4-23のように整理しています。

　よくよく考えると，これらの能力は何も海外だけで必要とされる訳ではありません。「周囲5メートルを幸せにできない人に世界平和が実現できない」と言われます。日々の生活の中で，しっかりと人間としての力を磨いていく必要があります。

　ところで日本は，現在，米国，中国に次いでGDP（国内総生産）世界第3位ですが，さまざまな予想で，今後順位が落ちていくことが予測されています。悲観論に陥りがちですが，3つの視座を提示しておきます。

　第1に課題解決先進国という視座です。少子高齢化をはじめ環境，エネルギ

図表4-23　グローバル人材の条件

要素Ⅰ：語学力・コミュニケーション能力
要素Ⅱ：主体性・積極性，チャレンジ精神，協調性・柔軟性，責
　　　　任感・使命感
要素Ⅲ：異文化に対する理解と日本人としてのアイデンティティ

「グローバル人材」に限らず，これからの社会の中核を支える人材
に共通して求められる資質：幅広い教養と深い専門性，課題発見・
解決能力，チームワークと（異質な者の集団をまとめる）リーダ
ーシップ，公共性・倫理観，メディア・リテラシー等

出典：グローバル人材育成推進会議，2012年，「グローバル人材育成戦略」，p.5,
　　　http://www.kantei.go.jp/jp/singi/global/1206011matome.pdf，（検索日：
　　　2017年2月21日）

一，資源，住宅，医療，教育という日本の課題はまもなく世界の課題になりま
す。元東京大学総長の小宮山宏先生は課題先進国であることは，その解決のフ
ロントランナーになれることであると訴えています（小宮山，2011：6）。

　第2に幸福感の変遷という視座です。GDPはあくまで経済的な指標にしか
すぎません。OECDでも，生活の質や幸福の持続可能性の観点も交えて「幸
福とは何か」を問い直すことが提起されています（玉木，2012：25）。

　第3にフラット化する世界という視座です。ニューヨーク・タイムズ紙のコ
ラムニストであるトーマス・フリードマンによれば，19世紀は国家の世紀，20
世紀は企業の世紀，21世紀は個人の世紀です（フリードマン，2010：20-23）。
世界中がつながり，フラット化した世界では，個人の才覚次第で世界中とつな
がることができるのです。

　こうしたことを「ビジネス・リーダー論」の授業で伝授していますが，講演
の機会を頂いた高崎女子高等学校の「グローバル・リーダー養成講座」でも話
しました。和やかな雰囲気の中，ペアでのディスカッションを頻繁に繰り返し
ながら，グローバル・リーダーとしての見方・考え方や心構えを伝えています。

　受講した高校生からは「これまでで一番ためになった講演会の1つであっ
た」「グローバル・リーダーの本当の意味を理解することができた」「和ませる
話題から徐々に大切な内容を話してくれたおかげで1つ1つの内容がよく頭に

入った」「課題先進国という見方に感心した」「21世紀は個人のグローバル化が進み，一人ひとりにチャンスがあることがわかった」「どんなリーダー像を目指せばよいかよくわかった」「"周囲 5 m を幸せにできない人に世界平和は実現できない"という言葉が心に残った」「"月になるな，太陽になれ"はとても良い言葉だと思った」「小さなことの積み重ねが大きな差になるので，日々を大切に過ごしていきたい」「未来の話ではなく，今の話だと思ったので毎日目標を立ててしっかり取り組んでいきたい」という感想が寄せられました。

　若いうちに，日常生活の延長に未来や世界があることを実感して欲しいものです。

参考文献

安齋徹，2013年，「女性リーダー育成に向けた大学教育の挑戦～女子大学における「ビジネス・リーダー論」という試み～」，『現代女性とキャリア』第 5 号，p.57-72，日本女子大学現代女性キャリア研究所

生方正也，2010年，『図解で学ぶビジネス理論　人と組織編』，日本能率協会マネジメントセンター

白倉克之・高田昂・筒井末春，2001年，『職場のメンタルヘルス・ケア改訂 2 版』，南山堂

小笹芳央，2011年，「二つのマジックを駆使し部下をやる気にさせる！」，『週刊東洋経済』2011年 4 月 9 日号，p.48-50

小樽商科大学キャリア教育開発チーム・キャリアバンク，2008年，『自分と仕事を考えるヒント 1　大学のムコウ』，日本経済評論社

小野善生，2013年，『最強の「リーダーシップ理論」集中講義』，本実業出版社

ジョン・ガーズマ，マイケル・アントニオ，有賀裕子訳，『女神的リーダーシップ』，プレジデント社

門脇由貴子，2011年，『選ばれる人になる34の習慣』，ダイヤモンド社

金井壽宏，2005年，『リーダーシップ入門』，日本経済新聞社

河見誠，2004年，「アメリカ女子大学の新たな展開―コア・プログラムの重要性―」，『青山学院女子短期大学総合文化研究所年報』第12巻，p.185-202

グローバル人材育成推進会議，2012年，「グローバル人材育成戦略」，http://www.kantei.go.jp/jp/singi/global/1206011matome.pdf，（検索日：2017年 2 月21日）

厚生労働省，2014年，「平成25年度雇用均等基本調査」，http://www.mhlw.go.jp/file/05-

Shingikai-12602000-Seisakutoukatsukan-Sanjikanshitsu_
Roudouseisakutantou/0000056003.pdf, (検索日：2017年2月15日)

小宮山宏，2011年，『日本再創造「プラチナ社会」の実現に向けて』，東洋経済新報社

高橋修，2009年，「リーダーシップとモチベーション」，経営学検定試験協議会監修，経
営能力開発センター編『経営学検定公式テキスト⑤人的資源管理』，p.191-214，中央
経済社

谷口智彦，2009年，「経験を学びに変える仕組みを現場のOJTに埋め込む」，『Works』
第93号，p.39-41，リクルートワークス研究所

玉木林太郎，2012年，「急がれる幸福度の指標整備　生活の質・持続可能性重視」，日本
経済新聞2012年1月20日，p.25

内閣府，2016年，『男女共同参画白書（平成28年度）』，勝見印刷

中野敬子，2016年，『ストレス・マネジメント［第2版］自己診断と対処法を学ぶ』，金
剛出版

日本女性学習財団，2006年，『協働時代の学びと実践　学習支援ハンドブック』，日本女
性学習財団

C.I. バーナード，1968年，山本安次郎・田杉競・飯野春樹訳，『新訳　経営者の役割』，
ダイヤモンド社

萩阪哲雄，2011年，『結束力の強化書』，ダイヤモンド社

羽田野慶子，2008年，「女性のリーダーシップに何が求められているか」，日本女性教育
会館・有馬真喜子・原ひろ子編『時代を拓く女性リーダー』，p.196-209，明石書店

リンダ・ヒル，2009年，スコフィールド素子訳，「未来のリーダーシップ」，『DIAMOND
ハーバード・ビジネス・レビュー』2009年2月号，p.78-89，ダイヤモンド社

トーマス・フリードマン，2010年，伏見威蕃訳，『フラット化する世界　上』日本経済
新聞社

ウォレン・ベニス，2008年，伊東奈美子訳，『リーダーになる［増補改訂版］』，海と月
社

三宅えり子，2009年，「女子大学と共学大学における女子教育力の比較研究」，『同志社
女子大学学術研究年報』第60巻，p.19-30，同志社女子大学

谷内篤博，2016年，『個性を活かす人材マネジメント　近未来型人事革新のシナリオ』，
勁草書房

マリリン・ローデン，1987年，山崎武也訳，『フェミニン・リーダーシップ』，日本能率
協会

第5章

クリエイティビティを引き出す
──みんなクリエイティブ

1．クリエイティビティの重要性

　今，従来のシステム，考え方そして生き方は行き詰まりを迎えています。価値観の多様化，複雑化・高度化する社会問題，資源と環境の危機。そうした中，求められているのはこれまで世界に存在せず，誰も生み出せなかった新しい答えを創り出す人材です（東京大学　ｉ・school，2010：8）。

　カギを握るのは「イノベーション」です。2007年に閣議された長期戦略指針「イノベーション25」によれば，イノベーションとは，技術の革新にとどまらず，これまでとは全く違った新たな考え方，仕組みを取り入れて，新たな価値を生み出し，社会的に大きな変化を起こすことです（内閣府，2007：1）。

　イノベーションをゼロから起こすことはできません。ハーバード大学のトニー・ワグナーによれば，イノベーションを起こすには，専門性とクリエイティブな思考力とモチベーションが必要です（図表5-1）。本物のイノベーションを起こすには専門的な知識が必要です。ただし，それだけでは不十分であり，クリエイティブな思考力が必要です。正しい疑問を投げかけ，結びつきを見出し，観察し，共感し，コラボレーションし，実験する能力です。そして，最後にモチベーションが必要です（ワグナー，2014：36）。

　リクルートワークス研究所の石原直子さんは，日本の高度経済成長を牽引してきた多くの基幹産業の賞味期限が到来しているという危機感の下，事業を創造する人材像を導き出しています（石原，2011）。

　まず必要なのが「Social Story」と「Business Story」です。「Social Story」とは，世の中や社会をどのように変えるのかを明らかにする物語です。「Business Story」とは，発明や発見を用いて世の中や社会に変化を起こす時に，

図表5-1　イノベーションを起こす要素

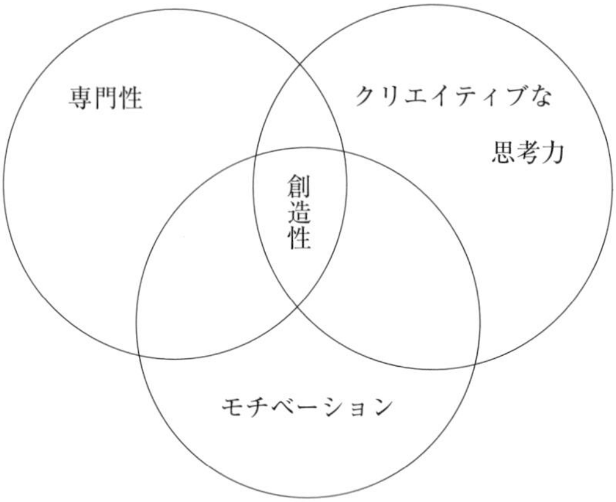

専門性

クリエイティブな
思考力

創造性

モチベーション

出典：トニー・ワグナー，2014年，藤原朝子訳，『未来のイノベーター
はどう育つのか　子供の可能性を伸ばすもの・つぶすもの』，p.36，
英治出版

どのようにして持続性を担保するのか，どのようにして利益創造の仕組みを構築するのかを明らかにする物語です。

　事業創造人材の「思考特性」として5つ挙げられています。第1によき社会への信念です。この信念があるからこそ失敗を恐れずに進むことができます。第2に経験に裏打ちされた自負です。製品やサービスがもたらす価値や解決される問題について，誰よりも深く考え，長く対峙してきたという自信が必要です。第3に強烈なゴール志向です。何としてもその事業を成立させたいというこだわりが実現につながります。第4に高速前進志向です。巧遅よりも拙速を好み，スピード感をもってやり遂げます。第5に粘り強さです。批判・反対・圧力・妨害に屈せず，行動し続けます。

　事業創造人材の「行動特性」として6つ挙げられています。第1に常識の枠を超えることです。組織の中で通例化している行動や思考の制約にとらわれず，むしろ進んで逸脱します。第2に手に入れることです。ヒト・モノ・カネという必要なリソースをあらゆる方法を駆使して入手します。第3に捨てることです。メンツやプライドにこだわらずに不要なものはあっさりと切り捨てます。第4に決めることです。逡巡せず決断を下すことが求められます。第5に宣言

することです。有言実行を地でいきます。第6にやめないことです。決してあ
きらめずにやり遂げることが必要です。

2．クリエイティビティ教育の重要性

教育に関する思想のリーダーであるケン・ロビンソン卿は，クリエイティビ
ティは「教育において文学と同じくらい重要であり，文学と同等に扱われるべ
きである」と語っています（ケリー＆ケリー，2014：19）。

イノベーションに関する報告書も教育の重要性について言及しています。
2012年に日本経済団体連合会が取り纏めた「「イノベーション立国・日本」構
築を目指して」では，以下のように記述されています。

> イノベーション創出に寄与する人材として期待されるのは，高度な理工系
> 人材，グローバルに活躍できる人材，新しいビジネス・モデルを構築でき
> る人材等である。残念ながら，諸外国と比較して，人材の育成面において
> もわが国の大学・大学院は大きく立ち遅れており，入試制度の見直しや卒
> 業時の質の管理が求められる。
>
> 大学・大学院が，産業界の意見も十分に取り入れながら，危機感をもって
> 改革を進めることを強く期待する。また，大学・大学院側の改革意欲を促
> 進するため，人材育成の成果に着目した運営費交付金の配分等の財政的な
> インセンティブの導入や制度的な枠組みが必要である（日本経済団体連合
> 会，2012：7）。

大上段にはこうした制度改革も必要ですが，現実的には「着眼大局　着手小
局」です。「デザイン思考」を提唱する世界最高のデザイン会社 IDEO とスタ
ンフォード大学 d スクールの創設者であるトム・ケリーとデイヴィッド・ケリ
ーは「小さな練習や励まし」の重要性を強調しています。そもそも人間はみん
なクリエイティブなのです。多くの人が自分はクリエイティブではないと思っ
ていますが，それは大きな誤解です。私達はちょっとした練習や励ましだけで，

目覚めることができます。ポイントはクリエイティビティ・コンフィデンスです。自分のしようと思っていることを実現できるという確信，自分には周囲の世界を変える力があるという信念を持つことです。つまり，自分のクリエイティビティを信じる力がイノベーションを起こすのです。このクリエイティビティ・コンフィデンスは筋肉なようなものなので，努力や経験次第で，強くしたり鍛えたりできるのです（ケリー＆ケリー，2014：16-18）。

　トム・ケリーとデイヴィッド・ケリーの考えに同感です。特に，大学では，将来のクリエイティビティ・コンフィデンスの言わば「種火」になるようなクリエイティビティ・マインドを植え付けることが大切であり，かつそれは実現可能です。

3．クリエイティビティの基本

　ここでさまざまな授業やゼミナールで伝授しているクリエイティビティの基本を紹介します。

（1）イノベーションの条件

　経営学者であるピーター・ドラッカーによれば，企業の究極の目的は「顧客の創造」であり，そのために必要な機能は「マーケティング」と「イノベーション」です（ドラッカー，2001：15-16）。マーケティングとイノベーションが車の両輪となって，顧客を創造し続けるのです。

　イノベーションとは，人的・物的・社会的資源に対し，より大きな富を生み出す新しい能力をもたらすことです。よく言われる「技術革新」のみを指す訳ではありません。

　ドラッカーは，イノベーションのための7つの機会を掲げています（図表5-2）。①予期せぬこと，②調和しないもの，③過程に潜むニーズ，④産業と市場の構造変化，⑤人口構成の変化，⑥認識の変化，⑦新しい知識です。このうち，①から④までが業界や市場の内部で起こり，⑤から⑦までは業界や市場の外部で起こります（ドラッカー，2007：15-17）。

　特に，最も信頼性・確実性が高いのが「①予期せぬこと」であり，信頼性や

図表5-2　イノベーションのための7つの機会

① 予期せぬこと	② 調和しないもの
③ 過程に潜むニーズ	④ 産業と市場の構造変化
⑤ 人口構成の変化	⑥ 認識の変化
⑦ 新しい知識	

出典：P.F. ドラッカー，2007年，上田惇生訳，『イノベーションと企業
　　家精神』，ダイヤモンド社

確実性が一番低いのが「⑦新しい知識」です。例えば，ポスト・イットは1968年，テープやフィルム，断熱剤や防水シートを開発していた3M社の研究員スペンサー・シルバーが，簡単にはがれる接着剤を試作したのがきっかけででした。接着剤としては失敗でしたが，ひょっとして別の何かに使えないかとあきらめずにいたところ，栞(しおり)に使える，人の間を行き来するメモ用紙，つまりはコミュニケーション・ツールとして使えそうだということになり，ついに商品化に辿り着いたそうです（鷲田，2015：37）。「予期せぬ失敗」を簡単に見過ごさない感性が求められます。

（2）イノベーションのジレンマ

　ハーバード大学のクレイトン・クリステンセンは，2種類の技術があると主張しています。第1に持続的技術，第2に破壊的技術です。持続的技術とは，性能を高めるものです。一方で，破壊的技術とは，少なくとも短期的には性能を引き下げる効果を持つ技術です。破壊的技術は，従来とは全く異なる価値基準を市場にもたらします（クリステンセン，2001：9）。優良企業は，顧客の声に耳を傾け，顧客が求める製品を増産し，改良するために新技術に積極的に投資したにもかかわらず，リーダーとしての座を失うことがあるのです（クリステンセン，2001：5）。

　破壊的イノベーションの特徴は単純・低性能で，一見「足りない技術」です。ところが，時にローエンド市場や全く別の新たな顧客にとっては魅力的な技術になることがあります。破壊的たる所以は，こうした足りない技術が徐々に性能を上げるためです。低性能だった破壊的イノベーションは右肩上がりで向上

し，いつしか既存市場の顧客ニーズまでも充足していきます。これが破壊的イノベーションのメカニズムです（図表5‐3）。例えば，銀塩カメラはデジタル・カメラに駆逐され，そのデジタル・カメラも今やスマホのカメラ機能に浸食されようとしています。（カデナクリエイト，2015：70-73）

図表5‐3　持続的イノベーションと破壊的イノベーションの影響

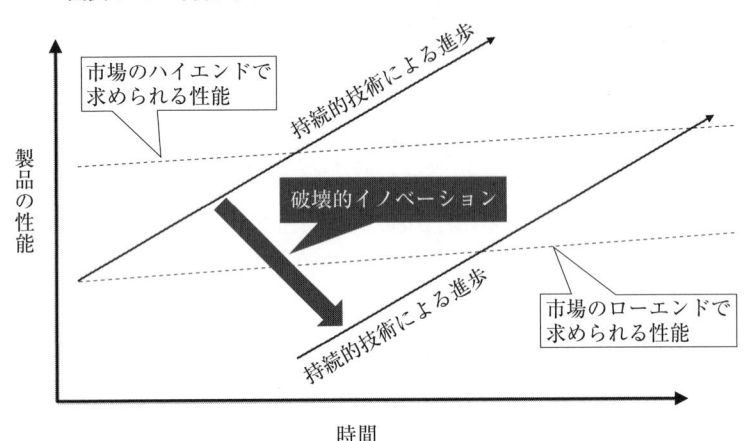

出典：クレイトン・クリステンセン，2001年，玉田俊平太監修，伊豆原弓訳，『増補改訂版 イノベーションのジレンマ』，p.10，翔泳社（一部修正）

　クリステンセンらは，画期的な製品・サービスを生み出した人々や，革新的なビジネス・アイデアを事業化し，市場のルールを書き換えた経営者達へのインタビューを通じて，彼らに共通する行動パターンを導き出しました。すなわち，関連づけ思考，質問力，観察力，ネットワーク力，実験力の5つを「イノベータDNA」と命名しています（図表5‐4）。イノベーティブなアイデアを生み出す要となるのは，関連づけ思考という認知的スキルです。関連づけ思考の呼び水となるのが，質問力，観察力，ネットワーク力，実験力という行動的スキルです。これら4つのスキルを人より頻繁に駆使するにはイノベーションに取り組む勇気を持っていることが前提になります。イノベーターは生涯にわたって発見力を積極的に活用するうちにいつしか発見の習慣がつき，いつか個性になるのです（クリステンセン／ダイアー／グレガーセン，2012：30-31）。

図表5-4 「イノベータDNA」モデル

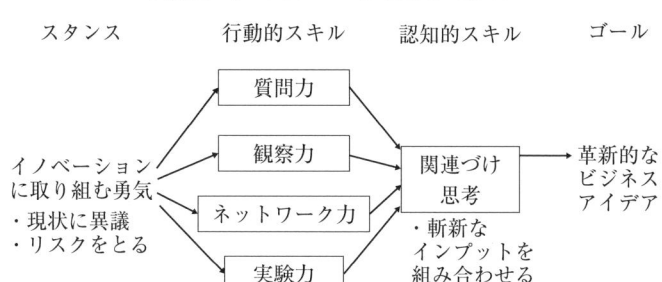

出典：クレイトン・クリステンセン／ジェフリー・ダイアー／ハル・グレガーセン，2012年，櫻井祐子訳，『イノベーションのDNA 破壊的イノベータの5つのスキル』，p.31，翔泳社（一部修正）

（3）アイデアのつくり方

アメリカ広告代理業協会や広告審議会の会長を務めたジェームス・ヤングは『アイデアのつくり方』という本を著しています。本文62ページの薄い本ですが，アイデアのつくり方を簡潔にまとめています（ヤング，1988）。

第1に資料集め，第2にデータの咀嚼，第3にデータの組み合わせ，第4に発見の瞬間，第5にアイデアのチェックです（竹内，1988：71-72）。

第1の資料集めは看過されがちですが，とても重要です。なぜならアイデアとは既存の要素の新しい組み合わせだからです。アイデアは知識と知識の組み合わせから生じるので，インプットが多ければ多いほどアイデアの可能性が高まります。

第2のデータの咀嚼とは集めた資料を多面的に眺めることです。個々の資料を取り上げ，「ああでもないこうでもない」とこねくり回すのです。

第3にデータの組み合わせは一旦問題を意識の外に移し，無意識の創造過程に委ねることから生まれます。ヤングは，音楽を聴いたり，劇場や映画に出かけたり，詩や探偵小説を読むことを推奨しています。

第4の発見の瞬間は突然訪れます。それは真夜中かもしれません。洗顔中かもしれません。休憩時間かもしれません。往々にして，アイデアを探し求める緊張をといて，休息とくつろぎのひとときを過ごした後に沸き起こってくるのです。

　第5のアイデアのチェックは，出てきたアイデアをブラッシュアップすることです。現実の有用性に合致させるために最終的にアイデアを具体化し，展開させるのです。良いアイデアはそれを見る人々を刺激するので，自ら成長していきます。

　お茶の水女子大学の名誉教授である外山滋比古先生は『思考の整理学』で一世を風靡しましたが，『アイデアのレッスン』という本も書いています。その中で外山先生は，必要は発明の母であること，ユーモアや冗談も大切であること，馬上・枕上・厠上（通勤電車の中，寝ているとき，トイレの中）や三中（夢中，散歩中，入浴中）など意外なところでアイデアが生まれること，絶えずメモが取れるようにしておくこと，緊張と弛緩から創造が生まれること，正攻法ではなく運次第でもあること，間違いや失敗にヒントがあること，何も知らない子どものような柔軟な感性が求められることなどの知恵を伝授しています。その上で，①ブレインストーミング，②延長戦・慣性の法則，③セレンディピティ，④醗酵させる，⑤"カクテル"にする，⑥たとえる，⑦結合させる，⑧類推する，⑨ヴァリエーションをつくる，⑩入れかえる，という方法を披露しています（外山，2010）。無意識の創造過程に委ねるというヤングの主張と醗酵させるという外山先生の方法論には類似性を感じ，言わば「放っておく」という間が不可欠なのです。

（4）アイデアの原理とプロセス

　アイデアとは既存の要素の組み合わせです（ヤング，1988：28）。そこから，日本ファシリテーション協会フェローである堀公俊氏と加藤彰氏は，アイデアを生み出す3つの原理を導き出しました。

　第1にインプット→アウトプットという原理です。アイデアが既存の要素の組み合わせだとするならば，既存の要素を「これでもか」と集め，インプットすることが欠かせません。インプットが多ければ多いほど，新しい組み合わせが生まれやすくなります。具体的には，関連する資料や情報を集めたり，現場に出向いて観察やインタビューをしたり，今まで気づかなかった既存の要素をできる限り発見することが重要です。

　第2に発散→収束という原理です。アイデアを出す時は，評価や選択を棚上

げにして，ありとあらゆる可能性のあるアイデアを徹底的に出し切ります。これが発散です。その上で，効果や実現性など，色々な観点でアイデアを評価したり，取捨選択をして，絞り込みをかけていきます。これが収束です。発散と収束のメリハリをつけていくことが，良いアイデアを出すための原理となります。実際には，両者の間に混沌のステップがあり，その苦しみに中からひらめきの瞬間が訪れます。

　第3に仮説→検証という原理です。アイデアは新しい組み合わせですから，新しくないものはアイデアではありません。新しさというフィルターを通過する必要があります。正確に言えば，最初の発想段階では，すべてアイデアの候補にしか過ぎません。そうした仮説を，本当に新しく魅力的なアイデアかどうか，検証していきます。そこでは当事者や市場の声も大切です。何度も「仮説→検証」のプロセスを回すことで，洗練されたアイデアに磨き上げられていくのです（堀・加藤，2012：26-28）。

　基本的なアイデア創造の流れは，図表5-5のとおりです。創造段階で，アイデアのバリエーションをできる限り広げておくことが，良い企画にたどり着く近道です。

図表5-5　基本的なアイデア創造の流れ

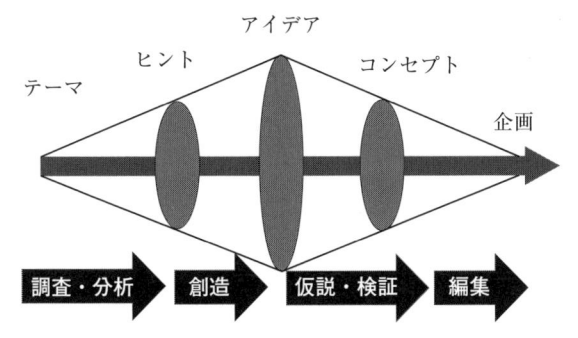

出典：堀公俊・加藤彰，2012年，『アイデア・イノベーション』，p.31，
　　　日本経済新聞出版社（一部修正）

（5）発見の10項目

　2010年にノーベル化学賞を受賞したパデュー大学特別教授の根岸英一先生は受賞に際して「夢見たことがかなった。50年間思い続けていれば夢はかなう」という名言を残しましたが，有機亜鉛化合物と有機ハロゲン化物とをパラジウムまたはニッケル触媒のもとに縮合させ C-C 結合生成物を得る根岸カップリングの技術の特許を取得していません。その理由として「特許を取得しなければ，我々の成果を誰でも気軽に使えるからと考え，半ば意識的にした」と述べています（根岸，2012：36）。

　さて，根岸先生は発見の10項目を提唱しています（図表5-6）。発見の大前提には，「何が欲しいか」という①願望と「何を必要とするか」という②ニーズがあります。そしてそれを目指す③作戦あるいは計画が必要です。

　発見に向けて最も大切なのは④系統だった探索です。そして，探索を進めるには知性的な側面から⑤豊富な知識と⑥豊富なアイデア，そして⑦正確な判断が求められます。特にアイデアが重要であり，少なくとも5〜10個，できれば20〜30個のアイデアを出し，最良のものを検討すれば良い結果に結びつく確率が高まります。

　知性的な側面以外にも，探索に向けた⑧意思力あるいは意欲と，探索に向けた⑨不屈の行動力が必要です。根岸先生によれば，絶対にへこたれないという信念が大切です。実際に実験を始めるとうまくいことはほとんどないそうです。思いどおりの結果が1か月間でなければ，いったん棚上げし，別のテーマに取り組んでいるうちに，失敗した実験を冷静に捉えることができるようになり，それまでと異なる視点やアイデアで再挑戦します。

　発見の10番目の項目は⑩セレンディピティです。スリランカの王子が思いがけない発見をする昔話に基づくこの才能はとかく重要視されがちですが，根岸先生は最後に置いています。多くの場合，セレンディピティがなくても発見は可能であり，中心はあくまで系統だった探索であると根岸先生は確信しています。

図表5-6　発見の10項目

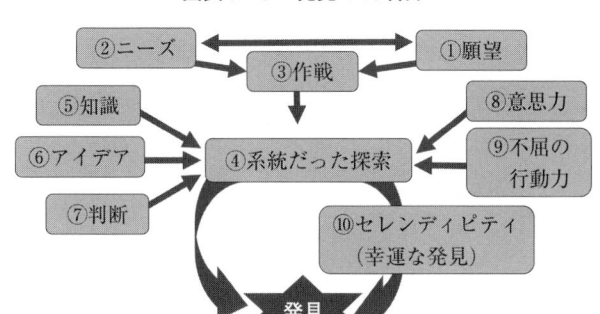

出典：根岸英一，2012年10月22日，「10項目の条件考える」，p.36，朝日新聞

4．クリエイティビティを高めるには

（1）SWOT 分析

　クリエイティビティの前提としてまずは現状分析が必要です。そのために有効な手法がSWOT 分析です。「SWOT 分析」は，経営環境をS：強み（Strength），W＝弱み（Weakness）という内部環境，O＝機会（Opportunity），T＝脅威（Threat）という外部環境の4つの視点から体系的に整理する手法です。SWOT は組織全体だけでなく，部門・集団あるいは個人などさまざまなレベルで活用することができる基本的なフレームワークです（図表5-7）（日沖，2008：142）。

図表5-7　SWOT 分析

	内部環境	外部環境
プラス面	【強み】Strength	【機会】Opportunity
マイナス面	【弱み】Weakness	【脅威】Threat

　「SWOT 分析」で4つの要素を明らかにしたら，「強み x 機会」「強み x 脅威」「弱み x 機会」「弱み x 脅威」という組み合わせで，もう一段階の分析を行いま

す。これは「クロスSWOT分析」と呼ばれる手法です（図表5‐8）。

図表5‐8　クロスSWOT分析

		外部要因	
		機会	脅威
内部要因	強み	積極的戦略	差別化戦略
	弱み	弱点補強戦略	防衛策

出典：野村るり子，2009年，「強みと弱みを知る「SWOT分析」」，『できる人の実践ロジカルシンキング』，p.17，日経BP社（一部修正）

　知識として「SWOT分析」を知っている人は少なくありませんが，使いこなせなくては意味がありません。単に分析のツールとして利用するだけでなく「クロスSWOT分析」を通じて戦略を策定することに妙味があります。そこで「ビジネス・リーダー論」の授業では，実践を通してこの手法を学びます。学生からは「SWOT分析は，自分の頭の中を整理したり，さまざまなアイディアを1つの解決策にまとめるのに約立つと思った」「何か問題を解決する際には先ず現状を分析することが必要であり，それをSWOT分析のような表に書き出してみるととてもわかりやすく，さらに新たなアイデアも出たのですごくいい方法だと感じた」「物事を客観的に分析することで，今まで見えていなかったものが見えてきたので，とても面白いと感じた」「何か戦略を立てる際，ただ突っ走るのではなく，現状を理解・分析し，どのような戦略にしなければならないのか考える必要があることがわかった。どうしても欠点は目をつぶってしまいがちであるが，強みを活かすためには弱みや脅威による障害を解決しなければならないため，SWOT分析のすべての項目を真剣に考える必要がある。それらの項目がすべて戦略になる訳ではないが，まずはしっかりとした分析をすることが大切だとわかった」という感想が寄せられました。

（2）レゴのワークショップ

　北欧は良質なおもちゃを作ることで有名ですが，デンマーク発のレゴはその代表例です。レゴの教育効果は世界中で注目されており，MITメディアラボで研究対象になったり，各地でレゴを使った塾のようなレゴスクールができて

いるそうです（本山，2013）。

　レゴには創造力や表現力を引き出す効能があり，授業やゼミでは時折レゴを用いたワークショップを行います。例えば「キャリアとリーダーシップ」という授業では，個人やグループで「大学」「自分」「未来」などをレゴで表現していきます。

　受講生からは「今までで一番楽しい授業だった」「とても新鮮で，自分のことについて見つめ直す良い機会になった」「レゴを作ると100人いれば100通りのレゴが完成して，それぞれの考え方や性格が表れていてすごく面白かった」「個性がこんなに表現されるとは思わなかった。わざと隙間を作って欠点を表現したり，タイヤや扉でスピード感や未来を表現したり，あえて別のモノで自分を表現するなど工夫されていて感心した」「レゴは言葉では表わせない分本当にその人の個性が出ていた」「自己表現，アイデア，創造性，ユニークさが顕著に表れていた」「モノで自分を表現したり，好きなコトや自分の発想をそのままカタチにできるのがレゴの面白さだと思った」「自分のことも客観的に見ることもできるし，相手のこともわかるので実はすごく深い授業だった」などの感想が寄せられました。

（3）デザイン思考

　新しい商品やサービスを創造するために注目されている手法がデザイン思考です。文字通り，優秀なデザイナーやクリエイティブな経営者の手法をまねることで，新しい発想を生み出そうとする手法です。デザイン思考は新しい手法ではなく，アメリカの IDEO というデザイン会社の動きとして10年以上前から提唱されていましたが，ここ数年脚光を浴びています。それは，今までの技

術主導やマーケットありきの商品開発・サービス開発では限界になってきたからです。デザイン思考では，生活者である人間を重視します（図表5-9）（日経デザイン編集部，2014：8-9）。

図表5-9　デザイン思考

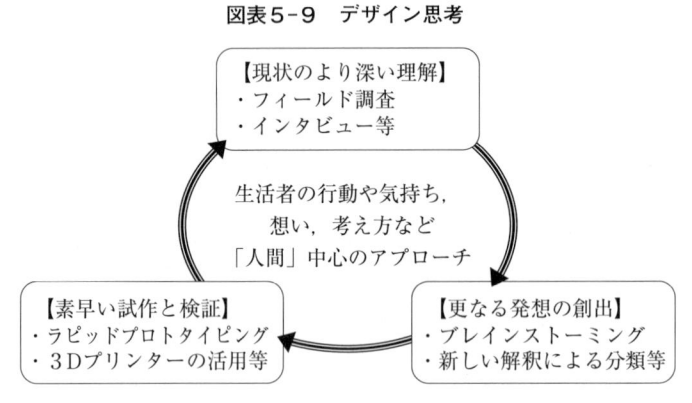

出典：日経デザイン編集部，2014年，『実践デザイン・シンキング』，p.10，日経BP社（一部修正）

　慶應義塾大学の前野隆司先生によれば，デザイン思考のポイントは3つあります（図表5-10）。第1にオブザベーションです。既成概念にとらわれず，人々が無意識的に感じていてまだ言葉にできないような問題を観察者がコミュニケーション力を発揮して引き出します。第2はアイディアエーションです。集団でアイデアを出し合うことによって新たな発想を誘発する手法である「ブレインストーミング」などによって，斬新なアイデアを生み出します。第3にプロトタイピングです。手や体で考えて短期間に多くのアイデアを試し改良する活動を指します。唯一の正解を最初に決め打ちするのではなく，ラフに試作し，どんどん失敗し，つくりながら考えます（前野，2014：22-23）。

　「社会デザイン論」の授業では，身近な題材を用いて，「デザイン思考ワーク」ショップを行っています。例えば，財布を題材に，相手の財布に関する不平不満を聞き出し，そうした問題を解決するために，この世にない斬新な財布を考案し，相手に提示します。学生からは「相手の抱えている問題から考え，実際にアイデアが出てきたときは嬉しかった。こんなものがあったらいいなと考えることはワクワクして楽しい」「相手の抱えている問題点を解決するよう

図表5-10　デザイン思考のポイント

1．オブザベーション
　　強い仮説にとらわれず「無意識の声」を聞く。
　　主観的に感じてインサイト（気づき）を得る。
2．アイディアエーション
　　ブレインストーミングなどを活用し，チームが協働することによっ
　　て生み出される「集合知」を重視する。
3．プロトタイピング
　　短期間に多くのアイディアを試し改良する。
　　頭ではなく，手で考える，体で考える。

出典：前野隆司編著，2014年，『システムＸデザイン思考で世界を変える　慶應SDM「イ
ノベーションのつくり方」，p.23，日経BP社（一部修正）

な財布を考えるのは大変だったが，大変だからこそ脳が何かを見つけ出そうと
動いている気がして，これを続けたら少しは頭が柔らかくなるのではと思った。
絵に描くことで，説明がしやすくなったり，新たなアイデアが生まれたりした
ので，考えたことを絵にしてみるのはとても良い方法だと思った」「不満を言
うとなると想像以上に意見が出てくることに驚き，また共感することが多いこ
とに気づいた。不満や不便と思うことは日常の中に多くあると思ったので，ア
イデアを出すときに役立てたい」「相手が持っている不満を引き出して，その
点を改善するためのよりよいものを作り出す。作ることもとても楽しかったが，
相手が自分のために考え，新しいものを作ってくれるという点も実に嬉しいも
のだと感じた。「「なるほど」「すごい」「欲しい」「かっこいい」と思えるもの
がいっぱいあった」という感想が寄せられました。

（4）AN法

　本章3-(4)で述べたように，アイデアを生み出す原理の1つが「発散→収束」
ですが，発散と収束に関わるさまざまなアイデア発想法の中に，強制発想法と
いうものがあります（図表5-11）。これは強制的に刺激を与えてアイデアを出
す方法です。
　強制発想法として筆者が独自に思いついたのがAN法です。Aは形容詞

図表5-11 アイデア発想法

		自由連想法	集団で自由にアイデアを出し合う。
発想法	発散思考	強制発想法	刺激を与えて強制的にアイデアを出す。
		類比発想法	他の分野の事柄から発想のヒントを得る。
		発想誘導法	発想のカギとなる情報を発見していく。
	収束思考	空間法	カードや図解を使ってアイデアをまとめる。
		時間法	時間軸に沿ってアイデアをまとめる。

出典：高橋誠，1999年，『問題解決手法の知識〈第2版〉』，p.48，日本経済新聞出版社（一部修正）

(adjective)，Nは名詞（noun）の意味で，Anzaiの最初の2文字もかけています。例えば，「新たな商品・サービスを考える」というテーマでワークを行います。カードを配り，ペアの一人は何らかの形容詞，もう一人は何らかの名詞を書くように指示します。その際，何でもよいと自由自在に考えることがポイントです。そして，全員が書き終えたら，一斉にカードを見せ合い，書かれた「形容詞＋名詞」をキーワードに新商品・新サービスを考えます。例えば「怖い筆箱」「全米が泣いたおにぎり」です。日頃思いもよらないキーワードから刺激を受け，どんどんアイデアが出てきます。「形容詞」と「名詞」のカードをシャッフルすることで，次から次とワークを続けることが可能です。

　AN法を試した学生からは，「言葉が決まっている中で新商品を考えることは難しいと思っていたが，ある程度の制約がある方が，そこから発展させようとしてより考えられたような気がする。一見あり得ないような言葉の組み合わせでも，ペアで考えると意外にも面白く，今までにないものを生み出せると感じた。頭が少し柔らかくなったような気がする」「何かのアイデアを出す際，どうすればよいか考えるだけでなく，AN法を試してみると全く違った方向からアイデアが生まれると感じた。それは非常にクリエイティブであるし，イノベーティブなものであるため，どこの場面でも使える。今後，アイデアに行き詰った時は，AN法を使って実際にクリエイティブなアイデアを生み出したいと思った。絶対実践したい」「紙に形容詞と名詞を書いて新しい商品を考える方法は画期的だと思った。人数が多ければ多いほど組み合わせが増え面白いア

イデアが出るのではないだろうか。イノベーションは頭の柔軟性が必要であり，常識にとらわれず固定観念を捨てることで新たなアイデアを生み出せるようになれるのだと知った」「とんでもない組み合わせでも，何かできることを考えることで更なる面白いアイデアが浮かんできて，人間のアイデアは無限だと感じた」という感想が寄せられました。

（5）未来面白ワークショップ

　21世紀型家電メーカーを志向している amadana 社の創業者である熊本浩志氏によれば，イノベーションとは非連続的なもので，合議制ではうまくいきません。イノベーティブなアイデアを形にするためには，反対意見を突破する強烈なリーダーシップが必要であり，それを可能にするのは，情熱と根拠のない自信と気合です。とはいえ，いかに革新的なアイデアであっても，１人で製品化し，販売することはできません。熊本氏がパートナーとして仕事をしたい人は，「いちいち面白がる人」と「未来の話ばかりする人」だそうです（熊本，2014：16-17）

　熊本氏の意見に触発されて筆者が独自に考案したのが「未来面白ワークショップ」です。各人の役割を「夢想家」「太鼓持ち」「ファシリテーター」「書記」と定めた上で議論します。「夢想家」はひたすら夢を語り，「太鼓持ち」は批判せず褒めちぎることで，イノベーティブなアイデア創出が促されます。「社会デザイン論」の授業では「温暖化の進展によって水没の恐れのある島国が取るべき施策を考えよ」というテーマでワークショップを行っています。ネガティブになりがちなテーマですが，順次役割を変え議論を重ねるたびに，ピンチを逆手に取った観光・教育プランやインフラ整備などのポジティブなアイデアが次々と飛び出し盛り上がりました。学生からは「このワークショップを通じて，解決できない課題はないと思えた」「夢も希望もない展開になるかと思ったが，ワークショップ後は，人々が幸せな笑顔で微笑んでいる光景が目に浮かんできた。考え方次第でこんなにも変わることに驚いた」という感想が寄せられました。既成概念を取り払い，自己を解き放つことができるかどうかは工夫次第です。

コーヒーブレイク5：クリエイティブ・ゼミ

　群馬県立女子大学の「社会デザイン論ゼミナール」では2016年度に「クリエイティブ・ゼミ」を開催しました。１日かけて，一人ひとりが本来持つ創造性に刺激を与える試みです。

　第１に創造性を育むための教育改革を提言するケン・ロビンソン卿のTEDトークを視聴しました。これからの教育は創造性を解き放つことに意義があると主張しています。

　第２に「ピンチはチャンス」というゲームを行いました。一人が会社の社長という想定で，どんな難題に対しても「それは良かった」と返答するのがルールであり，とっさに「ピンチ」を「チャンス」に置き換え前向きな施策を打ち出しているうちに，「何があっても大丈夫」という太っ腹でクリエイティブな社長が生まれてきます。

　第３に「レゴ」を用いたワークを行いました。一人または複数で「レゴ」を用いてさまざまなものを表現していく。カラフルでさまざまな形をした「レゴ」と向き合ううちに殻を破り，創造性が解き放たれていきます。

　第４に本文中でも紹介した「AN法」を用いてワークを行いました。思いつ

きで考えた形容詞（adjective）と名詞（noun）を組み合わせて新商品やサービスを考案します。既存の概念を組み合わせるだけでも思いもよらないアイデアが湧き出てくることを実感します。

第5に「インプロ（即興演劇）」のワークを行いました。即興での身体表現を通して瞬間的にアイデアが湧き出てきます。評価を気にし，失敗を恐れるあまり，限界を勝手に作っている自分を揺さぶる心地よさを体感します（高尾・中原，2012：43）。立教大学の中原淳先生は，身体を動かし表現することを他者と共に愉しむことを通して，自己を変革させ，自己の周囲にいる他者にも変化をもたらし，「変革の生態系」を生み出す可能性があると述べています（高尾・中原，2012：47）。

「クリエイティブ・ゼミ」を受講した学生たちは自らの内なる創造性に気づき，「今までに受けたことのない新鮮な授業であった」「脳だけでなく，体を動かして考えることもクリエイティブな発想につながる効果的な方法であった」「座学だけでなく，クリエイティブな授業こそ，能力を最大限に発揮できると感じた」という感想が寄せられました。

参考文献

石原直子，2011年，「企業内イノベーションを起こす人々 「事業創造人材」が持つ11特性とは」，http://diamond.jp/articles/-/14198，（検索日：2017年3月11日）

熊本浩志，2014年，「イノベーションの条件とは」，『事業構想』2014年8月号，p.16-17，事業構想大学院大学出版部

クレイトン・クリステンセン，2001年，玉田俊平太・伊豆原弓訳，『イノベーションの

ジレンマ　増補改訂版』，翔泳社

クレイトン・クリステンセン／ジェフリー・ダイアー／ハル・グレガーセン，2012年，櫻井祐子訳，『イノベーションの DNA　破壊的イノベータの5つのスキル』，翔泳社

トム・ケリー＆デイヴィッド・ケリー，2014年，千葉敏生訳，『クリエイティブ・マインドセット』，日経 BP 社

高尾隆・中原淳，2012年，『インプロする組織　予定調和を超え，日常をゆさぶる』，三省堂

高橋誠，1999年，『問題解決手法の知識〈第2版〉』，日本経済新聞出版社

竹内均，1988年，「解説」，ジェームス・ヤング，1988年，今井茂雄訳，『アイデアのつくり方』，p.63-87，阪急コミュニケーションズ

東京大学 i・school，2010年，『東大式　世界を変えるイノベーションのつくりかた』，早川書房

外山滋比古，2010年，『アイディアのレッスン』，筑摩書房

P.F. ドラッカー，2001年，上田惇生編訳，『【エッセンシャル版】マネジメント　基本と原則』，ダイヤモンド社

P.F. ドラッカー，2007年，上田惇生訳，『イノベーションと企業家精神』，ダイヤモンド社

内閣府，2007年，「長期戦略指針　イノベーション25」，http://www.cao.go.jp/innovation/,（検索日：2017年3月11日）

日経デザイン編集部，2014年，『実践デザイン・シンキング』，日経 BP 社

日本経済団体連合会，2012年，「「イノベーション立国・日本」構築を目指して」，http://www.keidanren.or.jp/policy/2012/024.html,（検索日：2017年3月11日）

根岸英一，2012年10月22日，「10項目の条件考える」，p.36，朝日新聞

野村るり子，2009年，「強みと弱みを知る「SWOT 分析」」，『できる人の実践ロジカルシンキング』，p.14-17，日経 BP 社

日沖健，2008年，『リーダーの問題解決法　複雑な問題に対処するノウハウ』，同友館

堀公俊・加藤彰，2012年，『アイデア・イノベーション』，日本経済新聞出版社

前野隆司編著，2014年，『システム×デザイン思考で世界を変える　慶應 SDM「イノベーションのつくり方」』，日経 BP 社

本山勝寛，2013年，「レゴだけじゃない知育ブロック最前線」，http://d.hatena.ne.jp/theternal/touch/searchdiary,（検索日：2017年3月11日）

ジェームス・ヤング，1988年，今井茂雄訳，『アイデアのつくり方』，阪急コミュニケーションズ

トニー・ワグナー，2014年，藤原朝子訳，『未来のイノベーターはどう育つのか　子供の可能性を伸ばすもの・つぶすもの』，英治出版

鷲田清一，2015年8月6日，「ポスト・イット」，日本経済新聞，p.37

第6章

本を読む

——読書ゼロの打破

1. 読書ゼロの衝撃

　2014年12月10日のNHK「クローズアップ現代」では「広がる読書ゼロ〜日本人に何が起きているのか〜」が特集されました。大学の図書館では，貸出冊数が減り続けている一方，スマートフォンの普及により，情報入手の方法が格段に変化しています。多くの情報を迅速に集めることに関する学生の技量は明らかに上がっています。しかし，集めすぎた情報に振り回されてしまい，結果的に自分の意見の論理的展開は弱くなっています。ネットだとキーワードで調べたものしかヒットしませんが，図書館では検索では結びつかないような本に出合う可能性もあります。新たな知識を発見して，自らと対話することに読書の効用があります。番組の中では，「本を読むという行為は決して情報を得たいというためにやる訳ではなくむしろ『自分の中からどの位引き出せるか』という営みなのだ，読書と言っても言葉だけでは実はなく視覚的に映像を頭の中に想起するとか過去の自分の体験と照らし合わせて対比して考えるとか自分で得られた情報から更に自分で自分の考えを構築するというプロセスが入ってくるので人間の持っている創造的な能力がフルに活かされる」という東京大学大学院総合文化研究科の酒井邦嘉先生のコメントや，「知的劣化と捉えるのではなくむしろ知的能力を膨らませている側面もある，本は知識だけでなく感情や意欲も統合された総合メディアである，思考力を鍛えるのは読むだけでなく書くというアウトプットまで必要である」というジャーナリストの立花隆氏の意見も紹介されました。(NHK, 2014)

　読書ゼロの根拠となっているのは全国大学生活協同組合が実施している「学生生活実態調査」の結果です。一日の読書時間ゼロの大学生は年々増えており，

2013年に４割を超え，2016年には49.1％に達しました。つまり大学生の半分が読書を全くしていないことが判明したのです（図表6-1）。

図表6-1　読書

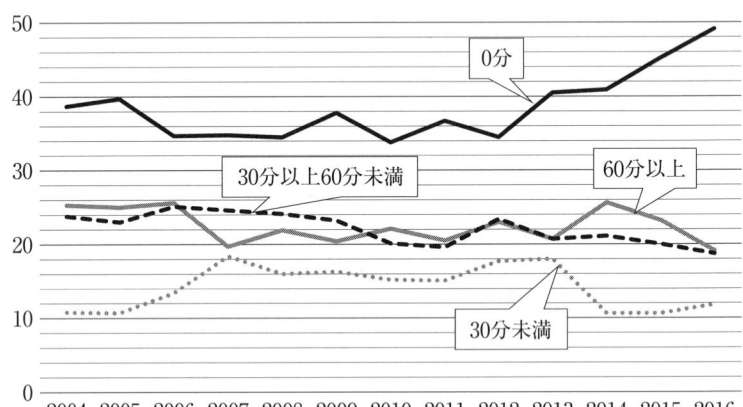

出典：大学生生活協同組合，2017年，「第52回学生生活実態調査の概要報告」，全国大学生活協同組合連合会，http://www.univcoop.or.jp/press/life/report.html，（検索日：2017年２月25日）

図表6-2　男女別の読書ゼロ比率

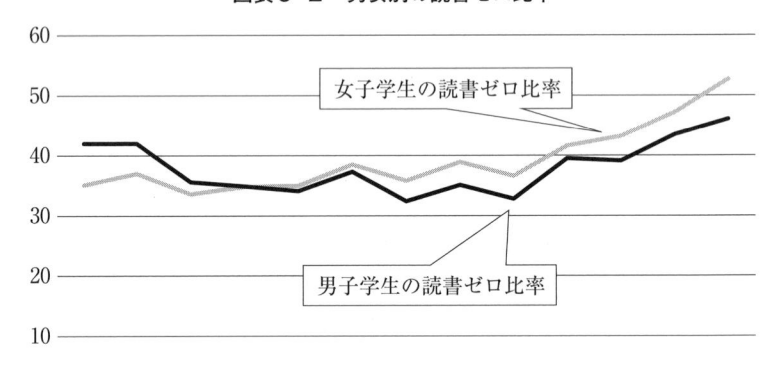

出典：大学生生活協同組合，2017年，「第52回学生生活実態調査の概要報告」，全国大学生活協同組合連合会，http://www.univcoop.or.jp/press/life/report.html，（検索日：2017年２月25日）

　しかも，読書ゼロの比率は男子学生よりも女子学生の方が多いのです。かつては男子学生の方が高かったのですが，2008年以降，女子学生の読書ゼロ比率の方が男子学生の読書ゼロ比率を上回っています（図表6‐2）。

2．本を読む工夫

（1）古典の一節を読む課題

　こうした現状と授業外の学習時間が短いという状況，さらには学生に古典や雑誌の一節を読みながら自分と向き合う時間を作って欲しいという考えから，授業外の課題として古典等を読んで小レポートを書くという試みを「ビジネス・リーダー論」その他の授業で実施しています。

　もちろん課題をきっかけに図書館で原書を借りて読んで欲しいという魂胆はあるのですが，束の間でも古典と向き合う時間を持つことにも意味があると考えています。

　課題に実際に取り組んだ学生のコメントを本章3で紹介します。

（2）ブック・レビュー

　「社会デザイン論ゼミナール」では，毎月1回，学生自らが大学図書館の本を1冊借りて読んで，発表することを続けています。本の背表紙を見ながら図書館内を彷徨する経験も大事であり，また他の学生の発表から触発されることも期待しています。

　季節のよい時には，屋外で「ブック・レビュー」を開催し，本の発表，質疑応答，ディスカッションを順次行っています。

　屋外での「ブック・レビュー」に参加したゼミ生からは「改めて本を読むことの大切さに気がついたと共に，人に伝えることの重要性も感じた。人に説明するためには，自分がきちんと本を読み込んで理解し，噛み砕き，自分の言葉で伝えることが必要である。ただ本を読むだけではなく，誰かに内容を教えるという行為によっても，一冊の本から学べることは多い」「本を読むことで今まで知らなかった世界を知り自分の興味関心が広がっていくことがとても楽しい」「新しいことを発見することにワクワクし本を読むことが楽しくなった」「本を読むことがあれほど苦手だった自分が図書館や本の楽しさに目覚めた」「風や自然を感じながら，より柔軟に物事を考え，想像力を豊かにすることができた」「外での授業も改めて良いと感じた。行き詰まった時などリフレッシュしながら外で取り組むといいアイデアが浮かんでくるのではないか」という感想が寄せられました。

3．本の一節を読んでの実践例

（1）『ソクラテスの弁明』

　不敬神の罪に問われた法廷で死刑を恐れずに所信を貫いたソクラテスは，「よく生きる」ことを基底に，不知の自覚と知など普遍的な問題を提起しています。『ソクラテスの弁明』は古典中の古典ですが，大学時代を逃したら一生読まない公算が高いと考え，無知の知などの数節を読ませています（プラトン，1998）。

　学生は「無知の知」を素直さや正直さとして受け止めたり，限界へ挑戦するための手がかりやリーダーとしての謙虚さとして捉えていました。またソクラテスの崇高な生き方に感動し，他人に責任を転嫁することなく，成長し続けることの重要性を噛み締めていました（図表6-3）。

図表6-3　学生の感想

「これからの生き方として，徳より先にお金や他のことを気にかけてしまうような行動はしないようにしたいと思った。中身がなくても誤魔化すことなくそのままの姿でいたい。わからないでいるのは駄目だと思うが，変に強がるよりも正直に，素直

になった方がいい。嘘をつくような生き方はしたくない」「私は「無知の知」という
言葉は使いたくない，やはり人間を熱くするのは限界への挑戦ではないだろうか。
確かに人間は無知な生き物であるかもしれない。しかし目標として，進むべき道と
して，「全知」というものの存在を諦めてはいけないのではないか。最初から諦めな
い。日常に落とし込める教訓として私なりに解釈した」「ソクラテスのように無知の
知を自覚することは普通の生活ではそれほど必要ないかもしれないが，企業や学校
等の組織の中では必要とされるのではないか。特に上の立場になるときは，自分は
常に完璧だと思うのではなく，抜けているところはないか，わからないことはない
かというような確認は大切だ。そうすることでより良いものが生まれてくることも
ある。そう考えると，ソクラテスの「無知の知」という考え方は今の時代にも生き
てくる」「ソクラテスが最後まで自分の信念を曲げなかったことは驚きと感動だ。彼
ほどではないが，私も何か貫き通す自分の信念を見つけたい」「他人の意見に安易に
同調し，結果が悪くなったら他人を責めるような生き方ではなく，常に考え，自分
で物事を決めることが大事である。ソクラテスは私たちに，知らないことを知り，
自分で考えることの重要性を教えてくれているように思う」「現代社会に照らし合わ
せてみると，これほどまでに謙虚に生きている人間は少ないと思う。世の中に，他
者と比較して優劣をつける場面が多い分，自分自身と向き合う機会が減っている。
他者を基準にしたとき，必ず達成目標が定まるが，自分と向き合えば，可能性は無
限に広がる。完璧な人間などいないと考えた時，私たちが向き合うべきなのは，さ
らに成長しようとする自分自身なのではないか」

（2）『孫子』

　孫子は「戦わずして人の兵を屈するのは，善の善なるものなり」などの名言
で知られています。春秋時代の孫武が著わし，2000年以上も読み継がれた名高
い古典は世界最古の兵法書として，また人間界の深い洞察の書としても親しま
れています。「彼を知り己を知らば，百戦をして殆うからず」という一節を学
生に読ませています（浅野，1997）。

　学生は単なる思い込みだけ戦うことの危険を察知し，冷静かつ客観的な分析
の必要性を感じていました。沈着冷静さは，戦いだけでなく，日常生活や人と
して成長していくためにも求められることだと喝破していました。汝の敵を愛
せよという言葉から，なでしこジャパンがワールドカップで優勝した時に敗戦
した選手に駆け寄った選手の姿を想起した学生もいました。（図表6-4）

図表6-4　学生の感想

> 「思い込みが強いあるいは反省のない人は決して勝利することはできない。敵と自分のことをしっかりと把握し，甘い考えを切り捨て，精神的な苦痛に耐えられない者はそもそも勝敗を争ったりするレベルではない」「自己に対しても相手に対しても客観的な分析を辛抱強く繰り返すことが最悪の状況を回避させるものだという強い言葉が今日でも私達を叱咤激励している」「なかなか自分の弱さや欠点と向き合うことは難しく，向き合えないままでいるといつの間にか過信に陥ったり，実体のない勝利への幻想を抱き始めたりする。この状況に関しては私も体験したことがあり，『孫子』に見透かされたような気分になる。自分を客観的に見ることはなかなか難しいかもしれないが，日々の生活の中で感情的になりそうなときには一歩引いたところで自分のことを考えられる理性を持てるようにしたい」「課題に直面した際に，課題だけを見据えるのではなく，その課題をこなすことができる能力があるのかどうかを考え，組織や自分自身を評価することがすべての始まりなのだと思う」「相手を知り，自分を知るという作業は戦いにおいてだけでなく，普段の生活や人間として成長していくためにも必要であると考える」「戦う時には自己や相手に対して感情を持たず，分析した結果を基にして作成された戦略で戦うことが勝利への第一歩である。戦う前に慎重に調査を行えば，危険な状態になる可能性はきわめて低いだろう。戦いだけでなく会議や討論などの身近なことでも同様のことが言える」「誰よりも汝の敵をこよなく愛さなければならぬという言葉で，なでしこジャパンの選手を思い出した。試合後，負けた選手に駆け寄っていったあの日本代表は，きっと誰よりも汝の敵を愛していたのではないかと思った」

（3）『自省録』

　ローマの哲人皇帝マルクス・アウレーリウスは「生きているうちに善き人たれ」と説きました。重責の生のさなか，透徹した内省が紡ぎ出した言葉は，古来数知れぬ人々の心の糧になってきたと言われています。哲人皇帝の『自省録』からいくつかピックアップして学生に読ませています（アウレーリウス，2007）。

　学生は「どのように生きるのか」という普遍的な問いは時代を超えていることに驚いていました。人間の理性はピンチの時こそ真価が問われることや嫌悪感を超えて協力することに人間の価値があることに気づきました。すべての機会を活かし，洗練された美しい生き方に憧憬の念を抱いていました（図表6-5）。

図表6-5　学生の感想

> 「ローマ時代の人が考えたことが現代でもその意味を理解できて，共感を呼べるというのは本当にすごいことだと思う一方で，哲学のように，人間がどのようなものであり，どうあるべきか，どう生きるか，などといった本質的なところは時代に関係なくあまり変わらないのではとも考える」「現代人は何か嫌なことがあると，すぐにあきらめてしまいがちであり，逃げてしまいがちである。しかし，それではいつまで経っても「最近の若者は」と言われてしまう。私たち一人ひとりの意識を変えていくことが日本を変えていくことにつながるのではないだろうか」「この『自省録』は，人間の理性に着目していて，人間が理性を持って己の感情に振り回されないようにする教えを説いている。そして人間が他人を毛嫌いしたくなるような時や不運に陥った時，助けが欲しい時などのピンチの時こそ理性を持って行動するということである。ピンチな時，自分の体は感情に支配されがちであるが，その時に一度深呼吸をして冷静に行動するようにし，『自省録』に述べられている理想の人間に少しでも近づきたいと思う」「世の中，嫌なことや嫌いな人はたくさんある。そして，自分が相手に対して嫌いだと思っていたら，ほとんどの場合相手も自分のことを嫌っている。嫌いなものや人に対しては腹を立てたり邪魔し合ったり関わりたくなかったりする。一度でも人に対して嫌いという感情を抱いたら，その気持ちを反転させるのはとても難しい。しかし，マルクス・アウレーリウスは私が今まで出会ったことのない考え方をしていた。嫌いな人が自分と協力するために生まれてきたなどと思ったこともなかった。ましては歯列の上下ほど大切だとは」「すべての機会を無駄にしたくない。無駄のない洗練された人は美しい。私は美しく行きたい」「運命を嘆いていてはいつまで経っても前に進めない。自分の運命を受け入れて，それに向かって一直線に頑張りたい。自分自身を納得させられるように行動することが大切である」

（4）『君主論』

　近代政治学の古典として名高い『君主論』の著者マキアヴェッリは，都市国家が並び立つルネサンスのイタリアにあって，共和政のフィレンツェ市書記官として活躍しました。目的のためには手段を択ばずというマキアヴェリズムの真髄となる一節をあえて学生には読ませています（マキアヴェッリ，2004）。

　学生はマキアヴェッリの目的のためには手段を選ばずという冷徹な方法論に一定の理解を示しつつ，君主ならいざしらず，現実のビジネス社会では結果のみならずプロセスの正しさも問われると分析していました。正直者が損をするような世の中への反発心も見られ，権力の維持ひいては私利私欲のために策を

弄することへの冷ややかな意見も多かったです。こうした若者の期待に応える社会や企業であって欲しいものです。（図表6-6）

図表6-6　学生の感想

> 「最終的に偉業を成し遂げる人やそこへ引っ張っていけるリーダーは多少の悪知恵をうまく使ってきたのだと思う。かと言って，現実に物事を考えるとベースはみな善であって欲しいと思う。ただ言いたいことは自分の信念や考え方をしっかり持った方がいいこと。しかしそれに100％とらわれるのではなく他人の違った考えをたまには覗いてみたり，盗んでみたりすることが重要であると思う。特にリーダーがこのような考え方ができたら自分も周りも大きく変えられるようなことが成し遂げられるのではないかと思った」「君主はその行動の結果のみが求められ，その行動のフェアさは問われない。しかし，企業のトップなどのリーダーはその行動の結果のみならず，公平さなどその行動の過程までが多くの人に問われ，何か問題があると厳しく罰せられる。正直，企業のトップよりも，結果のためであれば何の制限もない君主の方が楽かもしれない。しかし，自分が正しいと思うことを貫きながら結果を出していくことも不可能ではないと思う。正義や道徳，倫理といった正しいものに賛同して付いていく人は必ずいるからである」「確かに，君主には人間に固有の方法と野獣に特有の方法を駆使しなければならないのは納得した。また，野獣に特有な方法にも，罠を見破る狐が必要であり，狼を驚かす獅子が必要であるのも納得できた。しかし，権力を維持するためには信義にそむき，慈悲心に反し，人間性に逆らう行為をしばしばせざるを得ないという部分には納得できなかった。これは，私がまだよく世界をあまり知らないからこういう風に思ってしまうのだろうか」「信義に背くことを肯定できる理由があるのならば，それはその組織や，そこに属する仲間のためだけであると私は信じたい。社会は混沌としていて，正直者が正しいと言われる世の中ではないが，まだ偽善者や，人を欺ける者が勝者になるとは認めたくない。君主はビジネスマンである以前に，仲間を守り，統率することを前提にしているのだから，権力の維持は私欲でしかない」

（5）『プロフェッショナルの条件』

　経営学者であるピーター・ドラッカーは，さまざまな著作を刊行していますが，全著作中，個人の生き方，働き方に関する精髄を抜粋，編集した著作集が『プロフェッショナルの条件』です。同書のまとめであるパート5から，もはや経済のために生き，経済のために死ぬことに満足できなくなったあらゆる人にとっての最大の課題，「何によって記憶されたいか」を提起する一節を学生に読ませています（ドラッカー，2000）。

学生は自分を成長させることに責任があるという考え方に共感していました。目標を持って自分が輝くために毎日を送る人生とその場その場を何となく過ごす人生の差はとてつもなく大きいと感じ，日々を全力で過ごす覚悟をしていました。たとえシナリオ通り進まないとしても，違う自分と出会うことに期待感を膨らませていました（図表6-7）。

図表6-7　学生の感想

「自分を成長させることへの自己への責任という発想には素直に感銘を受けた。人は常に，何らかの経験を通して成長したいと考えているように見える。それはすごく自然なことで，なおかつ素敵なことであるが，その責任は自ら負っているのだと意識している人はどれくらいいるのだろう。少なくとも私はこれまで人として成長したいとは思っても，そのこと自体の責任を負っているという意識はほぼ皆無であった」「自分が輝くために毎日過ごしている人とその場をただ過ごしている人との違いは本当に大きいと思う」「とても納得できた。今までは責任を持つことと成長することとは違うものだととらえていたが，関連性をつかむことができ，すべてがつながっているということを学べた。人に信頼してもらうにも，成功するにも，すべて自分の行為に責任を持つことから始まる」「何によって憶えられたいかを意識しながら人生を送るのとそうでないのとでは，人生の成長の伸びしろが大きく変わってくる。自分が最期を迎える時，やりたかったことやなりたかった自分が思い出されるような人生にはしたくない。例えば今日が自分の終わりだったとして，やり残したことを多くあっても，今日の全力は今日出し切ったと思えるような毎日にしたい。毎日を，全力で生きたいと思った」「「何によって憶えられたいか」この言葉の答えは，現時点ではまだはっきりとは見えてこない。しかし，これを問い続けることに意味があるのだと思う，やがて，その意味を理解し，答えが見つかった時に私自身の成長につなげられることだろう。この大学生という今，この言葉に出会えて良かった。今から問いかけていれば，理想の自分，あるいは理想とは全く違う自分を見つけられるかもしれない。そして人生が変わると言えるほどのことが起こる可能性もあると思うと，今から楽しみである」

（6）『LEAN　IN』

　フェイスブックのCOOであるシェリル・サンドバーグの『LEAN　IN』は，女性活躍の先進国と目されているアメリカにもまだ女性の昇進には見えない壁，すなわち「ガラスに天井」が残っていることを問題提起し，衝撃を与えました。同書は「一歩前に踏み出す」勇気と，社会で生きていく上での知恵を授けてく

れます。学生には，序章に記された集約されたメッセージを読ませています
（サンドバーグ，2013：11-20）。

　学生は平等な世界への変化となる内なる革命を起こせるように一歩踏み出そ
うというメッセージに勇気づけられていました。女性を一人の人間としてみて，
その人が望んでいることを実現できる社会が必要なのだと考えています。その
ためにも，社会に出て働く上で妥協したりすることなくより上を目指して頑張
っていきたいと決意を新たにしていました（図表6-8）。

図表6-8　学生の感想

「私たち女性個人が，男性と同じように働きたいという気持ちを強く持たなくては，
本当の意味での男女平等は実現されない。私には関係のないことだと思うことなく，
私が一歩踏み出すことで，男女平等へのきっかけになることを理解し，平等な世界
への変化となる内なる革命を起こせるように行動していきたいと思った」「女性であ
ることから，子育てや家事など負担になることが多く，自分のキャリアを諦めざる
を得ないという話をよく聞く。しかし，そのことを理由に諦めるのはもったいない
と感じる。自分の夢の実現のために，自分自身の努力だけでなく，女性を支えると
いう社会制度を整える必要がある」「出産できるのは女性だけだから，多少女性は男
性よりも仕事におけるキャリアを積むのが遅くなったり，難しかったりするのは仕
方がないと考えている。しかし，私達が実現しなくてはいけないことは，そういっ
た女性を優遇することではなく，女性を一人の人間として見ることである。女性の
誰もが結婚・出産を望んでいるとは限らないからこそ，女性を一人の人間としてみ
て，その人が望んでいることを実現できる社会が必要なのだと考える。男女には，
体力的な面や，出産という違いはもちろん存在するが，仕事上の能力としての差は
ないはずである。このような社会を一緒に創り上げていくべきである」「筆者が言う
ように，確かに女性は自らの期待を低く設定し，妥協していることも多いのかもし
れないと思った。それは周りの環境からそうせざるを得ないのかもしれないし，半
分あきらめの気持ちでそうしているのかもしれない。どちらにせよ，女性が今後，
自らのより良い生活やチャンスを広げていくためには，現状に満足せず，あきらめ
ずに一歩踏み出すことが大切だと思った。私達も，これから社会に出て働くうえで，
妥協したりすることなく，より上を目指して頑張ることを忘れないようにしたい」

（7）『20歳のときに知っておきたかったこと』

　NHK白熱教室で有名なスタンフォード大学のティナ・シーリグの『20歳の
ときに知っておきたかったこと』は若者の必読書です。「ルールは破られるた

めにある」「自分で自分に許可を与えよう」「問題解決の方法は常に存在する」「早く，何度でも失敗せよ」「機が熟すことなどない」「新しい目で世界を見つめてみよう」など，人生を変える言葉が散りばめられています。学生には，身近な財布でさえ改善すべき点にあふれていることを伝える一節を読ませています（シーリグ，2010：79-81）。

　学生は挑戦してみることの重要性を再認識していました。挑戦することで新しい発見があり，多くの出会いがあります。リーダーの本質も常に物事の本質を見極めて課題を見つけ，積極的に課題解決に挑戦することであると定義する学生もいました（図表6-9）。

図表6-9　学生の感想

「できることを増やしていくというのは，常に自分のアイデンティティを破壊創造し続けることだと考える。これは容易なことではない。人間，安定をどうしても求めたくなる。自分は何者か理解し，その存在を認めてもらえるように必死になる。そのためアイデンティティの確立には時間がかかり，ましてはそれを破壊しなければならない時が来たらストレスを感じずにはいられないだろう。しかし，これらの行動をストレスと感じず，新たな自分を創造すべく動き続ける人が成功者の卵となる。フットワークが軽いということは，多くの事を学ぶ機会がある。よりたくさんの人に触れ，また違った考えや意見を聞き刺激を受ける。こうして新たな道を切り拓いていくのである」「何でも WELCOME 精神で来たものを拒まず挑戦してみることが自分を成長させる大切な要素である。私自身，自分には出来ないかもしれないと思い込んで挑戦することを諦めた経験は何度もある。しかしこの判断が間違っていたと今になって感じることが多い。もしあの時チャレンジしていたら，将来の選択肢が今より増えていたかもしれないと考えることもある。自分には時間があって，チャンスがあって，やれるだけの能力があるにもかかわらず何もしないということは自分に失礼だと感じる」「悩んだらとりあえずやってみる。新しいことにチャレンジしてみる。これは，常に私が心がけていることである。悩んでいても結論は出ないし，どんどん気持ちも落ち込んでしまうため，チャレンジしている。実際に挑戦してみると，新しいことを学ぶことは楽しいし，多くの人に出会うことができるにも魅力的だ。さらに自分の可能性も視野も広げることができる。今後もさまざまなことに挑戦し，経験しながら，自分自身挑戦し続けたい」「リーダーというと，すでにスキルを身に付けて見守るタイプのように思う。しかし反対に，誰よりも積極的に自らの可能性を広げる行動をしている人こそが真のリーダーになり得るのかもしれない。常に物事の本質を見極めて課題を見つけ，積極的に課題解決に挑戦することを心がけていきたい」

4．雑誌等の一節を読んでの実践例

（1）「未来のリーダーシップ」

　第4章の4-(3)で述べたとおり，ハーバード・ビジネス・スクールのリンダ・ヒルは世界各地で新しいリーダーシップ・スタイルを発揮している人たちを観察して，「羊飼い型リーダー」という概念を提唱しています（ヒル，2009：78-89）。

　学生は新たなリーダー像に深く共感し，背後から指揮するリーダー，一人ひとりが自分で能力を高められるように行動し仕事をする上での良好な環境を整えるリーダー，メンバーが持つ本来の力，自分で考える力，問題解決力を引き出すリーダーに魅力を感じていました。グローバル化や多様化が進展する中，自分と全く異なる考え方や価値観を持った人々と関わったり協力したりすることが求められており，新たなリーダー像は社会の要請なのです（図表6-10）。

図表6-10　学生の感想

「リーダーとは積極的に人々をまとめて指示を出す人だと思っていたが，背後から指揮をとる人もリーダーと言えるのだとわかった」「リーダーというものの考え方が変わり，良いリーダー，理想のリーダーは国やチームのメンバー，目指すべき場所など，さまざまな観点が作用して生まれるのだと思った」「私の中でリーダーという存在が明確に定義できた。今までのリーダー像はピラミッドの頂点に位置していたが，これから求められるリーダー像はピラミッドの土台の部分で部下達を支えている。なぜなら，一人ひとりが自分で能力を高められるようにリーダーが行動し，仕事をする上での良好な環境を整えることが組織全体の意欲向上につながるからである」「リーダーが必要な時に指示を出すのはもちろんであるが，リーダーが主体となって動かすのではなく，他のメンバーが壁にぶつかった時などにサポートするような形で臨む姿勢が良い。そうした方が，メンバーが持つ本来の力を発揮でき，自分で考える力，問題解決力がスムーズに生まれてくるからである」「チームの数だけリーダーがいる。さらに言えば，人の数だけリーダーがいる。古いリーダー像に縛られることなく，自分がこれからどのように生き，どのような影響を周りに与えるリーダーになりたいのか考えていきたい」「私はチームの土台となり，メンバー全体の居場所を作り出すことがリーダーの役割だと思っていた。しかし，これからは，リーダーに頼る組織は生き残れなくなってくるだろう。各々が，各分野で自分の能力を発揮し，時には自分がリーダーとして活躍できるメンバーを育て上げ，背後からチー

ムの最終目標への道のりを見届ける。これが新しいリーダーシップの姿であり，社
会のあり方になる」「グローバル化や多様化が進む社会に出ていくことで，自分と全
く異なる考え方や価値観を持った人々と関わったり協力したりする場面がますます
多くなってくると考えられる。相性のよしあし関係なしに，互いの持つ能力を分か
ち合って，何かをより良く成し遂げようと努力できるような人間になりたい」

（２）「共通価値の創造」

　20世紀型の産業社会では経済成長が中心であり，環境・社会は従属的な条件
に過ぎませんでした。しかしながら，経済は環境・社会とのバランスが求めら
れるようになり，一方で，NPO や NGO も台頭しました。2000年代以降は持
続可能な発展が旗印となり，経済は環境・社会の中でこそ成立するという考え
方が定着しました。2011年にはハーバード大学のマイケル・ポーターが CSV
（Creating Shared Value：共有価値の創造）を提唱しました。CSV とは，企
業と社会の両方に価値を生み出す企業活動を促進する経営モデルです。経済的
価値を起源とするビジネス・セクター（企業）と社会的価値を起源とするソー
シャル・セクター（NPO/NGO など）の関係が長い「対立」の時代から，相
互に共通価値を生み出す「共創」の時代に突入してきたことが背景にあります。
学生にはマイケル・ポーターが「ハーバード・ビジネス・レビュー」で CSV
を提言した論文を読ませています（ポーター，2011：8-31）。
　学生はこれまで一義的に利益を追求してきた企業が社会価値も追い求める
CSV（共通価値の共有）の考え方に共感しています。ただし，CSV という考
え方が普及していくためには社会も変わる必要であり，そのためには教育が重
要であると冷静に分析していました（図表6-11）。

図表6-11　学生の感想

「ほとんどの企業が本来の事業をこなす一方で CSR 活動を行っている。CSR 活動を
行うことは悪いことではないが，それを事業に組み込んでいくべきである。共通価
値とはお金で得る利益ではなく，社会に貢献するという価値である。社会のニーズ
を認識し，それを事業の中心として共通価値を創出していくことが現在企業に求め
られていることがわかった」「共通価値の考え方は，従来の社会の中の企業のイメー
ジと全く逆である。企業活動はさまざまな問題の原因ではなく，さまざまな問題を
解決して社会を良くし，かつ経済的にも成功するための手段である」「企業本来の目

的は，単なる利益ではなく，共通価値の創出であると再定義するべきであると筆者は述べている。私達はこれから働き始める社会において，企業の目的は利益のみならず，共通価値の創出であると自信を持って言える社会になると期待すると共に，そういう社会を創りたい」「経済価値と社会価値を高めていくこと，それらを両立させられるということは素晴らしいことであり，様々な企業や社会全体として理想であるとも言える。社会の中で企業の存在というものは大きい。だからこそ，国全体の経済状況・社会状況と企業の経済状況・社会状況は密接に関係しあっている。企業が自分の立場で経済的豊かさばかりを求めているようでは，顧客の立場で考えることができなくなり，世間に存在するニーズにも気づけず，事業が成功することは難しい。長い目で見て成功していくためには社会的豊かさも追及する必要がある」「経済活動を主として考えるのではなく，社会貢献を主として考えてそこから経済価値を生み出す。今までにないアプローチの仕方を考えていくことが大切だが，それを実現していくに，人を変えていかなければならない。学校で習う企業についての講義は，如何に売り上げをあげるかなど，経済面に特化したものが多かった。経済成長と社会貢献のどちらを軸に事業展開していくかを考えた時，社会貢献を軸として考えられるような人材教育をしていくべきだと考える」

（3）「スティーブ・ジョブスの卒業式スピーチ」

　アップルの創始者であるスティーブ・ジョブスは，アメリカで最も偉大なイノベーターの一人と目されています。学生には，2005年6月12日にスタンフォード大学の卒業生に向けて行われたスピーチを読ませています（ジョブス，2012：58-89）。型破りで感動に持ちており，伝説のスピーチと言われています。

　学生は日々を悔いなく生きることの大切さを再認識していました。人生に無駄はない，「Stay Hungly, Stay Foolish！」というメッセージに共感し，周りと比較したり，人の意見に無理やり合わせたり，または自分がやりたいことをあきらめ妥協するのではなく，自分の心に素直になり，自分の好きなことを信じてこれからの人生を過ごすことを決意していました（図表6-12）。

図表6-12　学生の感想

「自分の生き方を考え直さなければならないと感じた。私は失敗を恐れ，後のことを考えてしまう。そうすると挑戦するのが怖くなって道を外れるなんてことは到底できない。望んで道を外れる必要はないと考えるが，将来の成功につながるかもしれないチャンスは潰したくないと感じる」「「もし今日が最後だとしたらこれでいいのか」と自分に問いかけると，その人に対して優しくなれるし，一緒にいる時間を精

一杯良いものにしようと努力できる。これを日々の生活の中でも考えるようにして，重要な選択の際にはしっかりとした答えが出せるようにしていきたいと考えた」「一般的には大学を卒業して一流企業に就職することが成功だと思われることが多いが，どのような仕事でも，その仕事を本当に自分が好きになることができれば，その人の人生は成功だったと言えるのではないかなと思った。そのためには日々を悔いのないように生きることが大切であると感じた」「人生は何が起こるかわからないし，何がどう繋がるかもわからない。好きでやりたいと思うことも，後々後悔する羽目になるかもしれないようなことでも，人生に無駄はないと信じて過ごすしかないと思った」「何も信じず行動していては，自分の人生を生きている実感もない。まだまだたっぷり時間はあると落ち着いて日々を過ごすのではなく，時間は限られているということを自覚し，自分の人生を精一杯生きていきたいと思った。実際に行動することは勇気がいることであり容易ではないが，「Stay Hungly, Stay Foolish！」のメッセージを胸に，一日一日を無駄なく生きていく努力をしていきたい」「過去の経験から得たことが役に立つことや，失敗から学んだことは後の自分にヒントを与えることもある。だからこそ，周りと比較したり，人の意見に無理やり合わせたり，または自分がやりたいことを探すことをあきらめ妥協するのではなく，自分の心に素直になり，自分の好きなことを信じてこれからの人生を過ごすことが大切であると思う」

（4）「人生のコツはたったの３つ」

　ドロップボックス社の共同設立者兼 CEO であるドリュー・ヒューストンは，自身の決して順調でなかった起業後の道のりを振り返り，「自分が卒業式に聞いておきたかった」という３つのメッセージを2013年にマサチューセッツ工科大学の卒業式でスピーチしました。それは，①人生のテニスボール（夢中になれるもの）を見つけよう，②尊敬する人をサークルに入れよう，③人生は30,000日しかない，というメッセージです（ヒューストン，2013）。

　学生の心に３つのメッセージが素直に伝わり，失敗してでもワクワクした人生を送りたいと誓っていました。あなたはあなたの周りにいるひと５人の平均だという言葉も心に刺さったようです。環境やつきあう人々を変えることで人間は成長できるということに気づくことは大きな発見です（図表6-13）。

図表6-13　学生の感想

「「テニスボール」「サークル」「30,000日」の３つはどれも私にとって新鮮な考え方で納得できるものであった。「ビジネスで成功を収めている人は，パーフェクトな人

生ではなく面白い人生にしようと考えている」のであれば，自分の人生は彼よりも
もっともっと面白くしたいと感じた。さまざまなことを経験し，失敗し，挫折し，
そして時には成功もして，カラフルな人生にしたいと考える」「人生が30,000日しか
なく，しかも自分はそのうちの約3分の1を使ってしまったのかと考えると，これ
からの残りの人生を一秒も無駄にできないと感じた。失敗を恐れず，失敗をしても
それをチャンスに変える勢いで，自分がやりたいことは図太くチャレンジしていこ
うと思う。色々な経験をして人に会って話して，その中で自分がワクワクすること
を見つけていけたらいいなと思う」「あなたはあなたの周りにいるひと5人の平均だ，
という言葉にそのとおりだと思った。自分が置かれている環境や人で大きく変化す
ると身をもって感じている。尊敬する人などを尊敬して色々思っているだけでなく，
積極的に会って話をするなど，身近な存在であるように行動すべきである。刺激を
もらえる人と接し，自分を高めて充実感を味わいたい」「人生は長いようで短いから，
いつでも全力で生きていかなければいけないのだと感じた。その短い人生の中で，
完璧を求めてもがき続けるか，それとも面白い人生にするのかは自分次第である。
私は自分の時間を無駄にしないために，面白い人生を歩むことを選びたい」「この大
学3年の365日はアッという間の1年だったけれど，30,000日のうち，一番楽しくて，
一番頑張って，一番苦しかった，一番濃い1年になったと思う。成功するから，思
いどおりいくから，良いのではなく，失敗しても，苦しくても，後悔しないように
一日一日を過ごしていきたい」

（5）「お互いのコミュニケーションのために」

　これからの社会を担う若者に，日本や世界の未来に目を向け，自分たちが何
をなすべきかを真剣に考え，実現のための具体策を提案してもらうことを目的
する「NRI学生小論文コンテスト」（主催：野村総合研究所）にはゼミナール
で毎年挑戦し，何度か入賞も果たしています。2012年の大学生・留学生の部で
大賞を受賞したのが武蔵野大学グローバル・コミュニケーション学部に在籍す
る中国人留学生である林氏の「お互いのコミュニケーションのため─世界の未
来である君たちへ」でした。日本と中国を愛し，日中関係の改善を願う筆者の
真摯な想いは読む人の胸を打つ内容で，日本と中国の双方の若者達に呼びかけ
る表現方法も独創的です。是非とも大学生に読んで欲しいと願い，特にこの一
遍を学生に読ませています（林，2013：40-45）。
　学生は日本と中国はお互いに悪いところばかりを見つめて張り合っている気
がすると指摘するこの論文に心が打たれていました。留学前にこの文章に出会
えて良かったという指摘もありました。グローバル人材を目指す大学生には，

先入観を排し，心で感じることの重要性を改めて認識して欲しいものです（図表6-14）。

図表6-14　学生の感想

「その度合いや対象は違えど，人は基本的に色眼鏡をかけて世界を見ていると思う。それはその人の生まれ育ったバックグラウンドや時代，社会などによって形作られ，客観的に見ることは何かきっかけがないとなかなか難しい。そのような悲しい考えを遠ざけるためには，広い知見とクリティカルな視点が必要であると私はこの文章を読んで考えた」「私はこの論文を読んだとき，心が打たれる思いがした。なぜなら，この学生の悲痛ながらも前向きな訴えに罪悪感を持ったからである。私は，中国を訪れたことがない。今まで中国というイメージだけで勝手に持っていた。そう，私たちは普段，目先の情報しか見ていないのだ。日本と中国はお互いに悪いところばかりを見つめて張り合っている気がする。そんな単純なことに，この論文を読むまで気づいていなかったのだ」「固定観念や先入観，戦争の歴史に縛られていては相手を理解することはできない。これから留学に行く身として，人間として，嫌だと思う部分も含めて相手を受け入れられる人になりたい。心で感じることが大切だ。今この文章に出会えて本当に良かった」「子どもは世界の花であり，教師は懸命に働いている庭師であり，社会は肥えている土壌であり，国はパワーが無限な太陽であるという文章はとても素敵だと思う。日本も未来を担う子どもたちにもっと気を配るべきである。私たちの世代はもう未来の世界を担うのではなく，今現在の世界を担っていかなければならない」「筆者は，自分の固有の観念により，相手を認識することだけでなく，異文化の環境においては自分の目で直接確かめ，心で感じることが大切だと言っているが，まさにそのとおりだと思う」

コーヒーブレイク6：大学生が薦める社会を変える本

　第7章4-(4)で触れますが，社会デザイン論ゼミナールでは2015年10月に群馬県立図書館に対して「さらなる活性化に向けた提言」を行いましたが，その後実際に県立図書館を盛り上げる企画として「大学生が薦める社会を変える本」を展示することになり，同図書館にある本の中から推薦本を選び出しました。

　2016年3月に，ゼミ生約10名で選定・陳列作業を行いました。参加した学生からは「県立図書館の蔵書数の豊かさに驚き，本のタイトルを見ているだけで興味が湧いた」「本をもっと読みたい！と素直に思った」「ここで色々な本を読

んだら視野が広がる」「若い世代が図書館に立ち寄り本を読むきっかけに展示がなったらと嬉しい」という感想が寄せられました。

　県立図書館は当時改修工事中でしたが，再オープンした2016年4月5日から県立図書館1階に「大学生が薦める社会を変える本」のコーナーを設置し，社会デザイン論ゼミナールの学生が推薦する本を紹介し，趣向を凝らしたPOPと共に陳列したとところ，大人気ですべての本が「貸し出し中」になりました。次ページにリストを掲げてあります。

　「読書ゼロ」世代の若者が薦める本が，人生の先輩であるシニア世代に読み継がれていくのも感慨深いものです。

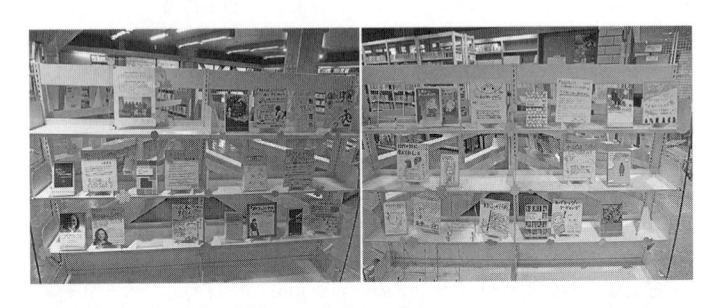

〔大学生が薦める社会を変える本〕
1．阿部真大，2011年，『居場所の社会学』，日本経済新聞出版社
2．NHK「プロフェッショナル」制作班，2011年，『プロフェッショナル　仕事の流儀　人生と仕事を変えた57の言葉』，NHK出版
3．海老原嗣生，2012年，『女子のキャリア』，筑摩書房
4．筧裕介，2013年，『ソーシャルデザイン実践ガイド』，英治出版
5．鎌田洋，2014年，『真夜中のディズニーで考えた働く幸せ』，河出書房新社
6．香山リカ，『10代のうちに考えておくこと』，岩波書店

7. シェリル・サンドバーグ，2013年，『LEAN　IN』，日本経済新聞出版社
8. スペンサー　ジョンソン，2000年，『チーズはどこへ消えた？』，扶桑社
9. シルヴァン・ダルニル他，2006年，『未来を変える80人』，日経 BP 社
10. デイル・ドーテン，2001年，『仕事は楽しいかね？』，きこ書房
11. 戸田智弘，2007年，『働く理由　99の名言に学ぶシゴト論。』，ディスカヴァー・トゥエンティワン
12. 林真理子，2013年，『野心のすすめ』，講談社
13. 樋口裕一，2004年，『頭がいい人悪い人の話し方』，PHP 研究所
14. 本田直之，2006年，『レバレッジ・リーディング』，東洋経済新報社
15. 枡野俊明，2013年，『心配事の9割は起こらない』，三笠書房
16. 水野敬也，2011年，『夢をかなえるゾウ』，飛鳥新社
17. 山崎亮，2012年，『コミュニティーデザインの時代』中央公論新社
18. 山崎亮，2015年，『ふるさとを元気にする仕事』，筑摩書房

以上

参考文献

マルクス・アウレーリウス，2007年（改版），神谷恵美子訳，『自省録』，岩波書店

浅野裕一，1997年，『孫子』，講談社

NHK，2014年，「広がる"読書ゼロ"〜日本人に何が〜」クローズアップ現代，2014年12月10日放送，日本放送協会，http://www.nhk.or.jp/gendai/articles/3592/1.html，（検索日：2017年2月25日）

クレイトン・クリステンセン／ジェフリー・ダイアー／ハル・グレガーセン，2012年，櫻井祐子訳，『イノベーションの DNA　破壊的イノベータの5つのスキル』，翔泳社

シェリル・サンドバーグ，2013年，村井章子訳，『LEAN　IN　女性，仕事，リーダーへの意欲』，日本経済新聞出版社

ティナ・シーリグ，2010年，高遠裕子訳，『20歳のときに知っておきたかったこと　スタンフォード大学　集中講座』，阪急コミュニケーションズ

スティーブ・ジョブス，2012年，『CNN English Express』編集部編集，『スティーブ・ジョブス　伝説のスピーチ＆プレゼン』，朝日出版社

大学生生活協同組合，2017年，「第52回学生生活実態調査の概要報告」，全国大学生活協同組合連合会，http://www.univcoop.or.jp/press/life/report.html，（検索日：2017年2月25日）

P.F.ドラッカー，2000年，上田惇生訳，『プロフェッショナルの条件　いかに成果をあげ，いかに成長するか』，ダイヤモンド社

中村雄二郎，2012年，『知の百家言』，講談社

ドリュー・ヒューストン，2013年，「人生のコツはたったの3つ」，http://logmi.jp/8845，（検索日：2017年3月11日）

リンダ・ヒル，2009年，スコフィールド素子訳，「未来のリーダーシップ」，『DIAMOND ハーバード・ビジネス・レビュー』2009年2月号，p.78-89，ダイヤモンド社

プラトン，1998年，三嶋輝夫・田中享英訳，『ソクラテスの弁明・クリトン』，講談社

トーマス・フリードマン，2010年，伏見威蕃訳，『フラット化する世界　上』日本経済新聞社

マイケル・ポーター，2011年，「共通価値の戦略」，『DIAMOND ハーバード・ビジネス・レビュー』2011年6月号，p.8-31，ダイヤモンド社

ニッコロ・マキアヴェッリ，2004年，佐々木毅訳，『君主論』，講談社

林猷瓊，2013年，「お互いのコミュニケーションのために—世界の未来である君たちへ」，『NRI 学生小論文コンテスト2012』，p.40-45，野村総合研究所

第**7**章

社会と連携する

——未来は創るもの

1．地方創生の時代に

　大学は社会的存在であり，社会によって期待されるさまざまな役割を担っています（片岡・田村，1980：3）が最近では，大学と地域の連携に注目が集まっています。2013年の中央教育審議会生涯学習分科会では「地域社会と共生する大学等の高等期間づくりの推進」に関し「大学等は，地域だけでは解決することが困難な課題にも向き合い，その解決に向けて主体的に取り組むことも求められる」とされ（中央教育審議会生涯学習分科会，2013：23），2015年の教育再生実行会議「「学び続ける」社会，全員参加型社会，地方創生を実現する教育の在り方について（第六次提言）」では大学等に「地域経済の活性化や地域課題の解決など」を期待し，「大学等による地域連携は地方創生の鍵」であるとまで述べてられています（教育再生実行会議，2015：11-12）。このように大学が地域の課題と向き合うことへ大きな期待が寄せられている中，本章では，社会と連携する大学生の姿を紹介します。

2．大学における社会貢献機能

　かつて大学は，教育と研究を目的とした機関であると捉えられていましたが，今や社会貢献活動は，教育や研究と並ぶ大学の基本的機能の1つであると認識されています。欧米と比べて遅れていた地域貢献活動が，明確に位置づけられたのは2002年に文部科学省が国立大学を対象に「地域貢献推進特別支援事業」を実施したことに始まります。それまでも大学と地方自治体との交流はありましたが，大学全体としての組織的・総合的な取り組みには至っていませんでし

た。この事業により15大学が選定され，大学の社会貢献活動への関心が急速に高まりました（九木元，2011：6-7）。2002年には公立大学協会も，新たな概念として「知の三角形—教育・研究も含めたトータルとしての新たな地域貢献—」を打ち出し，①知の創造（学術研究：国内外に通用する普遍的な真理を探究），②知の継承（高等教育：専門知識を有し，社会に広く通用する人材の育成），③知の活用（地域貢献：地域に生まれ，地域に役立つ活動）の３つを提唱しました（公立大学協会，2002：5）。さらに，2005年の中央教育審議会の答申において，社会貢献機能（地域貢献，産学連携，国際交流など）が高等教育機関の持つ「第三の使命」（中央教育審議会，2005）として明確に位置づけられました（九木元，2011：7）。

3．大学と地域の連携

　大学と地域はその関係・結びつきにおいて新しい時代に入っています（小松，2007：4-5）。慶應義塾大学名誉教授の小松隆二先生によれば，大学と地域の関係は，対等で自由な関係を基礎に，協力・連携し合う関係を目標としています。大学と地域の間に相互依存・相互貢献の連帯関係を築き，育てるには，単に隣組同士，同一町内同士といった地理的・空間的要素を超えて，信頼し合える関係，刺激・触発し合える関係，学び合える関係，支援・援助し合える関係，創造性・付加価値を付与し合える協働・共創の関係を構築することが望ましい（小松，2007：14-15）と言われています。

　現実的には，地域が大学に期待することと大学が地域に貢献すると考える内容との間に大きなギャップが存在しています。自治体やまちづくり協議会は，大学に対して「シンクタンクとしての役割」「地域政策や地域づくりの提言」を求めているのに対し，大学側はその意識が低く，逆に大学側は「公開講座の充実」「住民の教養の向上」を地域貢献と考えていますが，自治体やまちづくり協議会はそうしたことをほとんど地域貢献とは考えていません（越川・三原・山本，2011：69）。

　総花的で曖昧な地域貢献では大学と地域の双方に隔靴掻痒の感があり，やはり狙いを絞った地域連携が望ましいと考えます。今後の大学の地域貢献の方向

として示されているのが，地域課題への対応や問題解決型ニーズへの対応です。大学と地域の連携・交流が全国各地で進展しつつあり，協働する関係が一定程度現実のものとなっています。東北公益文科大学の伊藤眞知子先生によれば，これまでにない新しい価値，生活，文化を文字通り「共創」（ともにつくる）によって実現することが期待されています（伊藤，2007：53-55）。

　高崎経済大学の大宮登先生らは「地学連携」という概念を提唱しています。地域の側は抱えているさまざまな課題を色々な仕かけを用いて解決し，地域の活性化を図りたいという“ニーズ”を持っており，大学側は高度かつ多方面の知恵，知識，教育力，学生の持つエネルギーなどの“シーズ”を有しており，これらを活用して地域の活性化を手助けできる高い潜在能力を持っています。この“ニーズ”と“シーズ”を融合し，大学の所在する地域の活性化を図り発展させることを「地学連携」と表しています（大宮・増田・高崎経済大学附属地域政策研究センター，2007：103）。

　筆者は学生が授業やゼミナールを通じて地域の課題と向き合い，柔軟な発想力によって解決の糸口を見出すさまざまな試みを実践しており，本章では群馬県立女子大学の授業やゼミナールで実際に関わった7つの事例を紹介します。

4．社会連携の事例

（1）富岡学講座

1）経緯

　世界遺産登録された富岡製糸場のある富岡市では，富岡製糸場と絹産業遺産群をはじめとする名所や史跡，歴史や文化について学び，さらには自然史や教育，市の現状と課題など，多面的な視点で富岡について学ぶ富岡学講座を2013年11月に開講しました。富岡の魅力を広め，地域の活性化のために取り組むことができる人材の育成を図ることが狙いでした。

　2014年度に富岡学講座の一コマとして，群馬県立女子大学の学生が発表することになり，「社会デザイン論」の授業と「人的資源管理研究ゼミナール」で取り組みました。

　2）テーマ

「富岡を若い人にアピールするには」という課題に取り組みました。富岡には製糸場のみならず数多くの史跡や名所がありますが，若い人にはあまり知られていません。群馬県内外の若い人に“富岡”をアピールする方策としてどのようなことが考えられるか。学生らしい斬新な企画を期待しました。

　3）プロセス

　2014年5月に富岡市から「富岡の概要と魅力」「富岡の課題～広報戦略の観点から～」を受講し，6月に富岡市の視察ツアーを実施しました。7月に「学生によるプレゼンテーション」を行い，10月に富岡学講座で発表しました。

　4）アウトプット

　4つのグループが企画を提案しました。

　第1のグループは「Midnight in TOMIOKA」というプランでした。宿泊施設がない，若者が来ない，移動手段がない（電車は高い）という富岡の問題点を踏まえ，終電で行って始発で帰る「夏の真夜中ツアー」を考案しました。夜の富岡に着目し，ミッドナイト・サファリ，夜の遊園地，丹生湖での肝試し，露天風呂で日の出を見る，というツアーを提案しました。

　第2のグループは「群馬グルメ街道 in 富岡」という提案でした。シャッター通りの元気がないという問題点を踏まえて，B級グルメグランプリコンテストでシャッター通りに活気を取り戻すことを企図しました。富岡市で毎月に1回B級グルメグランプリを開催し，優勝チームには商店街の1店舗でそのチーム自身のお店を持てる権利をプレゼントします。何か月も経ったころにはシャッター街がグルメ街道に変身しているという提案でした。

　第3のグループは「若者への富岡PR」というプランでした。妙義の自然を活用したアドベンチャーツアーや富岡製糸場のライトアップ，スマートフォン対応の情報ツールの整備などを提案しました。

　第4のグループは「自然史博物館でナイト・ミュージアム」というプランでした。小さい頃に自然史博物館で夜に遊ぶという強烈な経験をすることで，大きくなった時に再訪を促す提案でした。

　5）結果

　2014年10月に富岡学講座の受講生約30名を前に学生が発表を行いました。受

講生からは「徹夜して遊ぶという発想はなく斬新であった」という感想が寄せられました。

（2）ゆるキャラ"たまたん"の生き残り策

1）経緯

2012年に群馬県玉村町では，玉村町を全国的にPRし，玉村町をイメージできる，誰もが親しみやすいマスコットキャラクター"たまたん"を公募で制定しました。"たまたん"は町の花である「バラ」の頭で，明るく元気であるが，少し照れ屋な一面もありました。ゆるキャラブームも一段落し，玉村町としてもその活用法を思案していたため，2014年度に「社会デザイン論ゼミナール」で取り上げました。

2）テーマ

「"たまたん"の活用法～"たまたん"の生き残り策～」を考えました。

3）プロセス

2014年6月から検討を始め，6月には玉村町から制定の経緯や現在の利用法についてレクチャーを受け，11月に玉村町の職員に発表を行いました。

4）企画

ゆるキャラとは何か，ゆるキャラグランプリの動向，"たまたん"の外部評価などを調査し，独自に群馬県立女子大学の学生に対してアンケートを行いました。"たまたん"の強み，弱み，機会，脅威についてSWOT分析を行った上で，クロスSWOT分析により，積極化戦略，差別化戦略，弱点補強戦略，防衛策を立案しました。並行して30のアイデア出しを行い，分析結果と照らし合わせて3つの提言にまとめあげました。

　第1の提言は情報発信の拠点化でした。2015年に地元に道の駅が開設されることから，道の駅を「たまたんの家」とネーミングし，道の駅で"たまたん"をテーマにした多彩なメニューを提供し，"たまたん"グッズを販売することを提案しました。

　第2の提言はグッズ展開の集約化でした。現在では文房具をはじめとして様々な「たまたん」グッズが制作されていますが，赤ちゃん用品に集約し，"たまたん"おくるみ，"たまたん"着ぐるみ，"たまたん"シューズ，"たまたん"哺乳瓶を作ることを提案しました。

　第3の提言はメッセージの明確化でした。「子育てに優しい玉村町」を「かわいい"たまたん"」で伝えることとし，「衣」として，"たまたん"デザインの赤ちゃん服をシリーズ化し，「食」として，"たまたん"メニューを開発し，「住」として，子育て関連施設を"たまたん"ブランド化し，例えば，たまたん幼稚園，たまたん保育園，たまたん子育てセンターと命名し，施設内外も"たまたん"デザインで装飾することを提案しました。

　人々が往来する道の駅で玉村町が子育てに優しい町であることもアピールし，潜在的な住民を掘り起し，「かわいい"たまたん"と共に子育てをする楽しい玉村町」というイメージを醸成します。「玉村町を全国にPR」では誰に何を伝えるのかが曖昧であり，ファミリー層に「子育てに優しい玉村町」を「かわいい"たまたん"」を用いてアピールするという戦略立案を促すものでした。発表当日には，学生が"たまたん"弁当や"たまたん"おくるみを自作し，盛り上げました。

　5）結果

　2014年11月に玉村町の職員を前に発表を行いました。職員からは「学生らし

い目線で，納得できる意見も多かった。アイデアも採用を前向きに検討したい」という感想が寄せられました。

（3）玉村町まちおこしプラン

1）経緯

地域と協働し共生する大学として2011年1月に群馬県立女子大学は群馬県玉村町と包括協定を締結し，まちづくり全般にわたり相互交流を進めています。2014年度に「ビジネス・リーダー論」の授業で玉村町と連携し地域の課題を取り上げることになりました。

2）テーマ

「〜名のない町を名のある町に〜玉村町を売り出すために，どのような方法が考えられますか」という課題に取り組みました。

3）プロセス

2014年5月に「玉村町の歴史と概要」「玉村町の観光と広報戦略」という出前講座を受講し，6月に玉村八幡宮，北部公園，肉の駅，道の駅予定地，歴史資料館，軍配山古墳などを巡る「玉村ツアー」を実施し，7月に発表会を開催しました。

4）アウトプット

5つのグループが企画を提言しました。

第1のグループは「たまチャリ」というプランでした。レンタサイクルの仕組みを作り，誰にでも利用しやすいように役場で貸し出します。遠い距離でも気軽に行くことができるように電動自転車にし，自転車に企業広告を掲げて使用料は無料にします。たまチャリMAPを作り，たまチャリの利用者には割引制度を整えます。

第2のグループは「ドッカン　夏の大作戦！」というプランでした。もともと有名な玉村の花火大会は利用して知名度の向上を図るもので，花火大会当日の昼間に町内の北部公園・玉村八幡宮・道の駅をバスで回遊させ，子どもが思い切り遊べ，吹奏楽やダンスなどのイベント実施し，花火大会限定のカレーライスやアイスクリームを販売する計画です。

第3のグループは「たまたんカフェ」というプランでした。幅広い世代が在

住していることを踏まえ，町のキャラクターである "たまたん" が店長を務める計画です。

　第4のグループは「たまむ RUN」というプランでした。新たな観光資源として，ハロウィーンの日に町内の名所を巡る RUN イベントを開催します。子育てに優しい町をアピールするために，かぼちゃによるランタン作りなども織り込む計画です。

　第5のグループは「玉村にバラ園を！」というプランでした。町の花であるバラに着目し，町内にバラ園を開設します。場所は道の駅の近くとして町内・町外の人を誘致します。運営は町民参加型として，町民からボランティアを募って運営します。バラ園では，イベント開催，バラの無料配布，来訪者への特典，大学や企業との連携などを行いながら，玉村の魅力発信地になることを目論む計画です。

　5）結果

　2014年7月の発表会では，玉村町の町長・副町長・教育長以下約50名の職員の方々の前で，学生らしい幅広い視点と豊かな発想が織り込まれたプランを発表しました。

　参加した学生からは「地域の魅力を再発見するきっかけになった」「若い世代にこのような機会が与えられたことが嬉しかった」「社会を変えていくことの責任感と重要性を学んだ」いう感想が寄せられました。

（4）群馬県立図書館のさらなる活性化

1）経緯

　群馬県立図書館は，県民自らが学び，自ら考え，社会の変化に柔軟に対応でき，心の豊かさや生きがいを持って生活することのできる生涯学習社会を構築するための中核施設として，県民のニーズを総合的かつ幅広く把握した図書館サービスに努めており，近年では「地域の活性化」を目標に掲げ，地域資料のデジタル化やレファレンス機能の充実などに取り組んでいます。蔵書数80万507冊は県内公共図書館で第1位，来館者数や個人貸出数では一部の市立図書館の後塵を拝するものの，相互貸借貸出12,348件やレファレンス23,852件は県内一でした（2014年度実績ベース）。

2）テーマ

　「群馬県立図書館のさらなる活性化策」を考えました。

3）プロセス

　2015年7月に「群馬県立図書館ツアー」を行いました。書庫を含む館内を視察した学生からは「終始ワクワクした」「書庫では驚きの発見が多く本当に楽しいツアーであった」「もっと色々な本を読んでみたいと素直に感じることができた」という感想が寄せられました。その後検討を重ね，10月に発表を行いました。

4）企画

　全国の公立図書館を取り巻く環境や他の県立図書館の先進事例，群馬県立図書館の現状を調査した上でSWOT分析を実施し，解決すべき課題を抽出しクロスSWOT分析に基づき戦略を考案しました。「群馬県が誇るべき稀有な知的遺産を有していながら，知られていない，活用されていない，わざわざ行くべき図書館になっていない」という課題を浮き彫りにし，提言では，①企画（思わず行きたくなるワクワク企画），②交流（世代交流の拠点），③学習（群馬を学ぶには県立図書館），④連携（近隣施設とのコラボ企画），⑤政策（地方創生に向けた政策提言機能）という5つに分類して，学生らしい多種多様な施策を提案しました。過去遺産を未来への資産としてその意義を捉え直すことで，知的拠点として県立図書館が果たしうる役割はとても大きいことを再認識し，群馬県立図書館の更なる存在感の発揮に期待する内容でした。

5）結果

職員からは「大いに刺激を受け，思いもかけないアイデアもあった」と評価をいただきました。

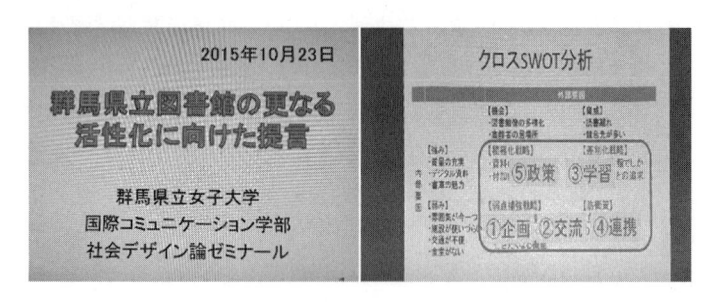

（5）道の駅"玉村宿"女子大プロジェクト

1）経緯

道の駅は地域の創意工夫により道路利用者に快適な休憩と多様で質の高いサービスを提供する施設です。当初は，通過する道路利用者へのサービスが中心でしたが，近年，農業・観光・福祉・防災・文化など，地域の魅力を活かした「地域の拠点」としての機能が強化されています。さらに最近注目されているのが，道の駅と大学の連携・交流です。

2015年5月に群馬県玉村町に道の駅「玉村宿」が開設されたことを契機に，「ビジネス・リーダー論」の授業と「社会デザイン論ゼミナール」で「道の駅"玉村宿"女子大プロジェクト」に取り組みました。

2）テーマ

「新たにオープンした道の駅"玉村宿"を盛り上げる」イベントを企画し，実行しました。

3）プロセス

2015年5〜6月に玉村町や道の駅"玉村宿"による講義を受講し理解を深め，6月に玉村ツアーを行い，実際に見聞しながら地域の魅力を確認しました。7〜11月にかけて企画案の発表，実現可能性の観点からの修正，関係者とのチェック・ポイント・ミーティングを繰り返し，周到に事前準備を進めました。

4）企画

2015年11月本番には４つのイベントを実施しました。第１にたまわんグランプリ2015の実施です。道の駅"玉村宿"のグルメ No.1を決定するコンテストを行いました。第２に女子大生が考えたレディースセットの販売です。地元の食材をふんだんに使用したヘルシーなランチを売り出し，完売しました。第３に「We Love TAMAMURA！」イベントの開催です。講義やツアーを通して学んだ玉村町の観光や行事の魅力を，工夫を凝らした映像や楽しいクイズも交えて紹介しました。第４に電動バスの試乗会です。玉村町が保有するエコな電動バスに，クリスマスの装飾を施し子どもたちに好評でした。

5）結果

盛り沢山の「女子大プロジェクト」を楽しむ来場者で道の駅は賑わいました。この「女子大プロジェクト」は，第１に大学教育の一環として調査・研究→企画・立案→準備・実行という手順をチームで行い学生の成長を促したこと，第２に学生自らが地域の良さを見つけ出し発信するというプロセスがあったこと，第３に提言だけでなく実行を伴い，これだけ多種多様なイベントの同時開催を成し遂げたこと，から新たな境地を切り拓いたと自負しています。国土交通省関東地方整備局が2016年３月に開催した全国初の「道の駅と大学連携成果発表交流会」では，群馬県の大学として唯一発表の機会をいただきました。

（6）まえばし企業魅力発掘プロジェクト

1）経緯

経済のグローバル化の進展により競争が激化する中で競争優位に立つためには製品の付加価値化を図る必要がありますが，中小企業ではそうした展開が容

易ではありません。全国には，卓越した製造技術を有していながらコアとなる知的財産や商品アイデアを持たない中小企業が多数存在する一方で，ニーズに基づき発想されたにもかかわらず市場規模が小さいと判断されること等により商品化されない特許を保有する大企業も多いです。

　そこで富士通グループでは研究開発の成果を広く社会で活用してもらう知的財産マッチング活動を全国各地で行っており，自治体や金融機関，大学と深く連携し，中小企業における新ビジネスを多数創出し，地域の活性化に貢献しています。具体的には，同社の開放特許をコアとし，自治体等が大学との連携により学生の柔軟なアイデアを募集し，地域ネットワークを活用して卓越した製品製造力やマーケティング力を有する企業を結びつけ，新たなビジネスを創出することを企図しています。

　「まえばし企業魅力発掘プロジェクト」（主催：前橋市産業政策課，協力：群馬銀行）もその一環として行われ，2016年度に「社会デザイン論ゼミナール」で取り組みました。

　2）テーマ

　富士通が持つ開放特許と前橋市内の企業が持つ技術を融合させる独創的，画期的な商品・ビジネスプランのアイデアを練り上げました。

　3）プロセス

　2016年6月から半年かけて，企画立案，市場調査，企業訪問などの準備を重ねました。

　4）アウトプット

　温度差発電技術を活用した握ると光るキーホルダー「ホタルノヒカリ。」を提案しました。普段はお洒落なキーホルダーとして利用しますが，温度差発電技術を用いて握ると光る機能を有する商品です。売れ筋のお洒落なキーホルダーに，鍵穴を照らしたり，災害発生時に（電池切れを心配せずに）光で安否を伝えることができるという付加価値をつけました。発表会では，経営学のマーケティング手法や概念に則って説明を行いました。

　5）結果

　2016年11月に前橋商工会議所で行われた発表会でプレゼンテーションを行った結果，幸い「最優秀賞」を受賞することができました。ゼミ生からは「諦め

ずに頑張ってきて良かったと心底思えた」という感想が寄せられました。

　前橋市の仲介で発表会の後も雑貨を販売する前橋市内の企業と意見交換を行い，ファッション性と機能性と経済性という市場ニーズを充足し，商品企画の方向性としては面白いとの評価をいただきました。

（7）日本遺産「かかあ天下―群馬の絹物語―」魅力発信企画学生コンペティション

　1）経緯

　日本遺産とは，地域の歴史的魅力や特色を通じて我が国の文化・伝統を語るストーリーを文化庁が認定した遺産のことです。群馬県では，絹産業に従事した女性が活躍したストーリーが日本遺産に認定されています。

　2016年度に日本遺産「かかあ天下―群馬ぐんまの絹物語―」魅力発信企画学生コンペティション（主催：かかあ天下ぐんまの絹物語協議会・群馬県）が行われ，「社会デザイン論ゼミナール」で取り組みました。

　2）テーマ

　日本遺産「かかあ天下―群馬の絹物語」の魅力を伝えるプランを提案しました。

　3）プロセス

　2016年9月に現地見学会が開催されました。1日目は中之条町の中之条六合赤岩養蚕農家群や国内最古級の養蚕農家である富沢家住宅を見学，四万温泉に泊まり，2日目は桐生市の織物参考館"紫"で藍染体験を行った後に鋸屋根が有名な後藤織物，織物の中心地であった桐生新町伝統的建造物群保存地区，織物業の隆盛を学べる桐生織物記念館などを巡りました。

その後，調査分析，企画立案，当事者へのヒアリングなどを行いました。

4）アウトプット

「社会デザイン論ゼミナール」では，日本遺産を昔話にするのではなく，現代的意義として捉え直すことを企図し，2つのプランを考案しました。

第1のプランは「「絹の国群馬」再興物語～群馬シルク・ルネッサンス・プラン～」です。①「蚕塾」の開講②絹産業でのインターン実施③絹製品の魅力発掘コンペの開催など若者による6次産業化を推進し，群馬の絹産業を再興していく企画で，若者の柔軟な発想力を活用した雑貨やインテリアへの絹製品の展開や，ロックバンドによる世界プロモーション案などを提案しました。

第2のプランは「「かかあ天下」は「群馬＝女性の活躍推進県」のことだんべ大作戦」です。群馬を女性の活躍推進県にするために「かかあ天下教育」を小中高大で展開し，いずれは「かかあ天下」という言葉を「おもてなし」や「もったいない」のように世界に発信していく企画で，「かかあ天下カルタ」の創設や，女性の活躍日本一の県を目指していくという「かかあ天下ビジョン」を提案しました。

5）結果

2016年12月に群馬県庁ビジターセンターで開催されたプレゼンテーション大会で発表を行った結果，幸い「「かかあ天下」は「群馬＝＝女性の活躍推進県」のことだんべ大作戦」が優秀賞を受賞しました。

5．社会デザイン力指標

こうした社会連携の成果はどのように測定すればよいのでしょうか。

（1）先行研究

　地域における社会連携活動の学生にとっての効果についてはさまざまな先行研究があります。

　島根県立看護大学の恒松德五郎先生らは看護短期大学生が周辺地区の家庭訪問実習などを通じて人間的交流（下線は筆者，以下同じ）を持つことができたと述べています。（恒松・江角・長崎・吾郷・吉川・中谷・落合・曽田・若林・栗谷，1998：103）

　工学院大学の木村雄三先生らは小中学生向けの理科教室を支援する学生が身につけうる能力として調査・整理・解析能力やコミュニケーション能力，デザイン能力及びプロデュース能力，問題解決能力・応用展開能力，口頭発表能力などを掲げています。（木村・矢ケ崎・田村，2008：427）

　信州大学の服部直幸先生らは学生がキャンパスを離れて地域社会と協働して青少年育成活動に献身することによって，友情と感謝の念を中核とする人間力を醸成していることを明らかにしました。（服部・土井，2013：91）

　藤女子大学の伊井義人先生らは地域資源を活用した地域連携事業の目標として社会性や対人関係能力に関する事項をあげています（伊井・橋本，2014：69）。

　和洋女子大学の駒見和夫先生は大学附属の博物館の出前講座を学生が小学生宛てに行う事業を通じて，学生は幅広い社会貢献や実践的学習の有益な機会となる点に意義を感じていたと述べています（駒見，2014：30）。

　いずれも抽象的で叙述的な表現に留まっており，目指すべき人材像についての明確な指針や定量的な分析は存在しません。家政学院大学（当時）の山岡義卓先生らは，社会人基礎力や学内で得られない新たな知識の獲得を期待しつつ，地域連携プロジェクトの教育的意義を改めて精査することが必要であると指摘しています（山岡・小口・海野，2011：63）。

（2）指標の策定

　経済産業省は，「職場や地域社会で多様な人々と仕事をしていくために必要な基礎的な力として「社会人基礎力」を提唱しています。社会人基礎力は，前に踏み出す力，考え抜く力，チームで働く力という３つの力と，それらを構成

する主体性，課題発見力，発信力といった12の具体的な能力要素のことを指しています（図表7-1）（経済産業省，2010：2）。社会人基礎力は企業に就職する学生に求められるスキルとして有名ですが，注目すべきは「地域社会」も社会人基礎力を発揮する舞台として想定されていることです。「社会人基礎力に関する研究会—中間とりまとめ—」によれば，教育機関に社会の実際の課題について，その解決策を検討する学習方法（Project Based Learning）を地域と連携しながら進めていくことも期待しています（社会人基礎力に関する研究会，2006：27）。

図表7-1　社会人基礎力

■前に踏み出す力（アクション）：一歩前に踏み出し，失敗しても粘り強く取り組む力
  ① 主体性：物事に進んで取り組む力
  ② 働きかけ力：他人に働きかけ巻き込む力
  ③ 実行力：目的を設定し確実に行動する力
■考え抜く力（シンキング）：疑問を持ち，考え抜く力
  ④ 課題発見力：現状を分析し目的や課題を明らかにする力
  ⑤ 計画力：課題の解決に向けたプロセスを明らかにし準備する力
  ⑥ 創造力：新しい価値を生み出す力
■チームで働く力（チームワーク）：多様な人々とともに，目標に向けて協力する力
  ⑦ 発信力：自分の意見をわかりやすく伝える力
  ⑧ 傾聴力：相手の意見を丁寧に聴く力
  ⑨ 柔軟性：意見の違いや立場の違いを理解する力
  ⑩ 状況把握力：自分と周囲の人々や物事との関係性を理解する力
  ⑪ 規律性：社会のルールや人の約束を守る力
  ⑫ ストレス・コントロール力：ストレスの発生源に対応する力

出典：経済産業省，2010年，『社会人基礎力　育成の手引き—日本の将来を託す若者を育てるために』，河合塾，p.5

　ソーシャルデザイン会議実行委員会は，ソーシャル・デザインの現場で発揮されている力として，感知力（問題に気づく），理解力（詳しく知る，感じる），協働力（仲間を増やす），構想力（アイデアを発明する），改善力（アイデアを磨く），実行力（実行する・アクションする），継続力（ふりかえる・つなぐ・

まわす）を掲げています（図表7-2）。

図表7-2　ソーシャル・デザインの現場で発揮されている力

1．感知力（問題に気づく）
□好奇心が旺盛である　□自分の長所を知っている　□気持ちに素直である
2．理解力（詳しく知る，感じる）
□視野が広い　□裏付け情報を調査する　□できることを知っている
3．協働力（仲間を増やす）
□共有するのが好き　□派閥をつくらない　□友達が多い
4．構想力（アイデアを発明する）
□発想力に自信がある　□言葉を考えるのが好き　□ミステリーを解くのが好き
5．改善力（アイデアを磨く）
□ Win-Win の構想をつくれる　□感情に働きかける　□人脈を活用する
6．実行力（実行する・アクションする）
□粘り強い　□参加のハードルを下げる　□新しい流れをつくる
7．継続力（ふりかえる・つなぐ・まわす）
□成果を可視化する　□持続可能な仕組みをつくる　□長期的展望を持つ

出典：ソーシャルデザイン会議実行委員会，2013年，『アイデアは地球を救う。希望をつくる仕事
　　　ソーシャルデザイン』，p.32-33，宣伝会議

　筑波大学名誉教授の門脇厚司先生は社会力を提唱しています（図表7-3）。社会力とは「人が人とつながり，社会をつくる力」のことです。「人とつながり，社会をつくる」とは，様々な人達と良い関係を築くことができ，つくり上げた良い人間関係を維持しながら，それまで自分が学んで身につけた知識や努力して習得した技術や技能を自分が生きている社会で，誰かのために，あるいは何かのために役立てようと，自分から進んで発揮し活用することです。（門脇，2010：65）

　社会人基礎力やソーシャルデザイン会議実行委員会が提唱するソーシャル・デザインの現場で発揮されている力，門脇先生の社会力の豊かな人間の具体的なイメージは各々重要なスキルを提示していますが，真に共生的な社会を創成していくという大きな視点までを包含しているわけではありません。また中央教育審議会の答申では「未来を予測する最善の方法は，自らそれを創り出すことである」という言葉が紹介され，未来を創出し，社会を牽引していく役割を

図表7-3　社会力の豊かな人間の具体的なイメージ

① 人間が大好きな人間
② どんな人ともうまくコミュニケーションできる人間
③ 他の人といい関係がつくれる人間
④ 他の人と協力しながら物事を成し遂げられることができる人間
⑤ 他の人の身になり，立場に立って物事を考えられる人間
⑥ 他の人を思いやれる人間
⑦ 物事に対して常に前向きに取り組もうとする人間
⑧ 何事にも創意工夫を怠らぬ創造的な人間
⑨ 自分も社会の一員であるという自覚がある人間
⑩ 社会の運営に積極的に関わろうという構えができている人間
⑪ 自分の能力を活かし，家庭や地域や職場で自分の役割を果たせる人間
⑫ 社会の改善や改革にも積極的に関わろうとする意欲のある人間
⑬ 広い視野から社会の動きや社会の動向を判断できる人間
⑭ 自分の行動が他の人や社会の動向にどう影響するかを考えながら行動できる人間
⑮ 人類社会の将来に常に思いを馳せながら行動できる人間

出典：門脇厚司，2010年，『社会力を育てる―新しい「学び」の構想』，岩波書店，p.70

期待しています（中央教育審議会，2012：2）。日々現場で学生と接する教員として痛感するのは，将来の予測が困難な時代という閉塞感の中で苦悶している学生たちに，社会や企業を変革していく意欲や未来を創造していくワクワク感を言わば「エンジン」として埋め込むことの大切さです。

　以上を勘案し，社会人基礎力をベースに，ソーシャルデザイン会議実行委員会が提唱するソーシャル・デザインの現場で発揮されている力や門脇の社会力の豊かな人間の具体的なイメージなどを参考に「社会デザイン力指標」を提案します。それは，主体性，働きかけ力，実行力，問題発見力，計画力，創造力，社会力，地域へ愛着，イノベーション意欲，未来への期待感です。社会人基礎力からは，「前に踏み出す力」と「考え抜く力」から6つの力を抜き出しました。もちろん「チームで働く力」はソーシャルデザインの現場で発揮される「協働力」とも重なり大変重要ですが，あくまで限られた期間で行う社会連携案件を通じて伸長させることは難しいと判断しました。門脇先生の社会力はそのまま踏襲し，地域との連携案件における測定であることから「地域への愛

着」を加え，社会デザインの「担い手」の育成という観点から，「イノベーション意欲」や「未来への期待感」を追加しました（図表7-4）。

図表7-4　社会デザイン力指標

```
1. 主体性：物事に進んで取り組む力
2. 働きかけ力：他人に働きかけ巻き込む力
3. 実行力：目的を設定し確実に行動する力
4. 問題発見力：現状を分析し目的や課題を明らかにする力
5. 計画力：課題の解決に向けたプロセスを明らかにし準備する力
6. 創造力：新しい価値を生む出す力
7. 社会力：人と人がつながり，社会をつくる力
8. 地域への愛着
9. イノベーション意欲：社会や企業を変革していく意欲
10. 未来への期待感：未来を創造していくワクワク感
```

具体的には，以下のとおり学生に質問しました（図表7-5）。

図表7-5　社会デザイン力指標に関する質問

グループワークを通した変化はありましたか。
　・該当する箇所に○をつけて下さい
　5．大変高まった　4．やや高まった　3．どちらともいえない
　2．あまり高まらなかった　1．高まらなかった

1	主体性（物事に進んで取り組む力）	5	4	3	2	1
2	働きかけ力（他人に働きかけ巻き込む力）	5	4	3	2	1
3	実行力（目的を設定し確実に行動する力）	5	4	3	2	1
4	問題発見力（現状を分析し目的や課題を明らかにする力）	5	4	3	2	1
5	計画力（課題の解決に向けたプロセスを明らかにし準備する力）	5	4	3	2	1
6	創造力（新しい価値を生む出す力）	5	4	3	2	1
7	社会力（人と人がつながり，社会をつくる力）	5	4	3	2	1
8	地域への愛着	5	4	3	2	1
9	イノベーション意欲（社会や企業を変革していく意欲）	5	4	3	2	1
10	未来への期待感（未来を創造していくワクワク感）	5	4	3	2	1

（3）検証

　群馬県立女子大学国際コミュニケーション学部の「ビジネス・リーダー論」という授業では毎年地域の課題を取り上げ，受講生がグループで問題解決に取り組んでいます。2014年度と2015年度の2年間にわたって受講後の学生に社会デザイン力指標に基づくアンケートを実施しました（ケースⅠ：n＝34，ケースⅡ：n＝36）。

■ケースA（本章4-(3)に該当）

　2014年度の「ビジネス・リーダー論」の授業では，群馬県玉村町と連携し，「名もない町を名のある町に～玉村町を売り出すために，どのような方法が考えられますか～」というテーマに取り組みました。

図表7-6　グループワークを通じた変化（ケースA）

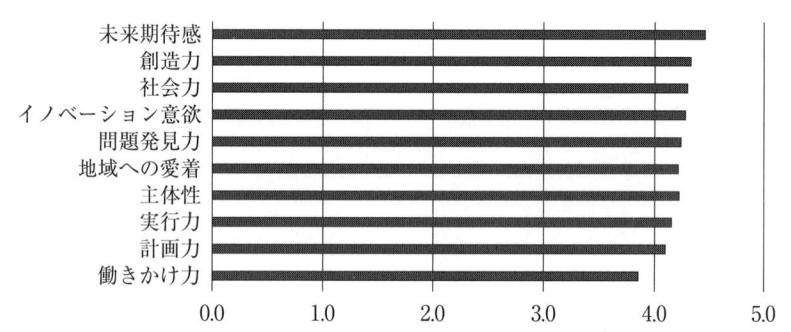

■ケースB（本章4-(5)に該当）

　2015年度の「ビジネス・リーダー論」の授業では，群馬県玉村町及び国土交通省関東整備局高崎河川国道事務所と連携し，「道の駅「玉村宿」を盛り上げるイベントを企画・実行しよう」というテーマに取り組みました。

　授業は2015年7月に終了しましたが，2015年11月22日の実際に道の駅「玉村宿」で「女子プロジェクト」を開催しました。当日は盛り沢山のイベントを実施し，楽しむ来場者で賑わいました。

図表7-7　グループワークを通じた変化（ケースB）

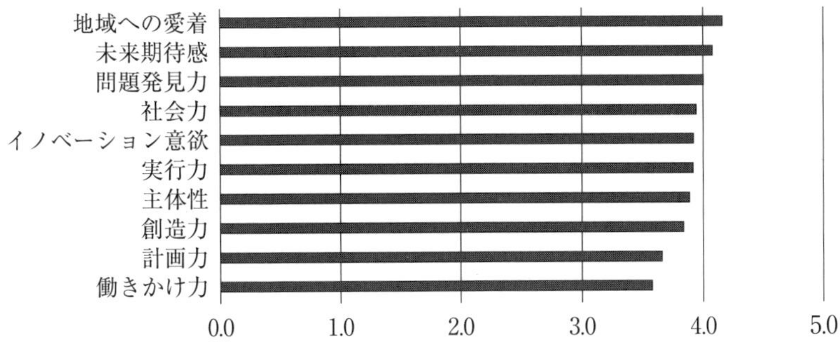

（4）分析

　両ケースとも「未来期待感」が上位でした。地域の課題を大学生に取り組ませることの最大のメリットは大学生が未来を創るワクワク感を持つことです。ケースAでは「創造力」「社会力」「イノベーション意欲」が上位でした。これは玉村町への提言が無条件であり，何を考えても良かったことが影響していたものと思われます。ケースBでは「地域愛着」「問題発見力」が上位でした。これは地元の道の駅を盛り上げるイベントを企画するというアウトプットを実際に求める課題であったためと思われます（図表7-6，7-7）。

　両ケースとも「働きかけ力」「計画力」が下位でした。授業ではグループワークは補助的な位置づけであり，本格的な取り組みにまで至れなかったことが要因と思われます。

　なお，授業とグループワークの評価を見ると，満足度では授業＞グループワークでした（図表7-8）。これはあくまでグループワークは授業全体の補助的

図表7-8　授業とグループワークの評価

〈5段階評価〉	ケースA（n＝34）	ケースB（n＝36）
授業の満足度	4.53	4.44
授業を通じた成長実感	4.00	3.94
グループワーク満足度	4.35	3.78
グループワーク成長実感	4.24	3.56

な意味合いであったためです。グループワークの満足度はケースA＞ケースB
であった。これはケースAでは提言をゴールとしていて難易度が低かったここ
と，ケースBは実行までを視野に入れていたこととアンケート時点では案件途
中であった（授業後に有志で実行までこぎつけた）ことが影響しています。

　両ケースを合わせてグループワークの満足度との相関係数を算出しました。

図表7-9　グループワーク満足度との相関

		相関係数
①	未来期待感（未来を創造していくワクワク感）	0.496
②	イノベーション意欲（社会や企業を変革していく意欲）	0.385
③	実行力（目的を設定し確実に行動する力）	0.335
④	社会力（人と人とがつながり，社会をつくる力）	0.318
⑤	主体性（物事に進んで取り組む力）	0.318
⑥	地域への愛着	0.278
⑦	創造力（新しい価値を生み出す力）	0.259
⑧	働きかけ力（他人に働きかけ巻き込む力）	0.144
⑨	計画力（課題の解決に向けたプロセスを明らかにし準備する力）	0.137
⑩	問題発見力（現状を分析し目的や課題を明らかにする力）	0.014

0.40を超えたのは「未来期待感（未来を創造していくワクワク感）」だけでした。
学生が未来を創造していくワクワク感を感じることが満足度に繋がっていまし
た。ただし，ワクワク感と言っても，面白おかしくという意味ではなく，「若
い世代にこのような機会が与えられたことが嬉しかった」というコメントから
窺われるように，地域のリアルな題材に取り組む自体が学生の知的好奇心を喚
起していました（図表7-9）。

　成長実感との相関係数で0.40を超えたのは「主体性（物事に進んで取り組む
力）」「働きかけ力（他人に働きかけ巻き込む力）」「創造力（新しい価値を生み
出す力）」「イノベーション意欲（社会や企業を変革していく意欲）」「実行力
（目的を設定し確実に行動する力）」と多数にのぼりました。自ら主体的に取り
組み，他人に働きかけ，新たな価値を創造し，変革意欲を高め，実際に行動す

図表7-10　グループワーク成長実感との相関

		相関係数
①	主体性（物事に進んで取り組む力）	0.542
②	働きかけ力（他人に働きかけ巻き込む力）	0.434
②	創造力（新しい価値を生み出す力）	0.428
③	イノベーション意欲（社会や企業を変革していく意欲）	0.408
④	実行力（目的を設定し確実に行動する力）	0.403
⑤	未来期待感（未来を創造していくワクワク感）	0.395
⑥	社会力（人と人とがつながり，社会をつくる力）	0.311
⑦	計画力（課題の解決に向けたプロセスを明らかにし準備する力）	0.215
⑧	地域への愛着	0.107
⑨	問題発見力（現状を分析し目的や課題を明らかにする力）	0.085

る経験が，成長実感とリンクしていました。教育的な観点からは，このような要素が入った社会連携案件が学生の成長を促進することを示唆しています（図表7-10）。

　満足度とも成長実感とも相関度は低かったのは，「社会力（人と人とがつながり，社会をつくる力）」「計画力（課題の解決に向けたプロセスを明らかにし準備する力）」「地域愛着」「問題発見力（現状を分析し目的や課題を明らかにする力）」でした。このうち「地域愛着」「問題発見力」「社会力」はグループワークを通した変化は大きかったので，グループワークを通して身につけることができたが，満足度や成長実感には繋がらなかったということです。ある意味，受講直後というよりも長期的な観点から捉えるべき指標なのかもしれません。「計画力」は期間が一定の授業に伴う社会連携案件では身につけることが難しい指標でした。

　まとめると，ケースA及びBの社会連携案件からみた社会デザイン力指標は図7-11のように分類することができます。ケースA＆Bはいずれも半期の科目の授業外に行った社会連携案件であり，「主体性」「働きかけ力」「実行力」「計画力」が身につけにくいものでした。満足度や成長実感につながる指標は学生が自覚しやすいですが，それ以外の「問題発見力」「社会力」「地域への愛

図表7-11　ケース A&B の社会連携案件からみた社会デザイン力指標の分類

	身につけやすい	どちらともいえない	身につけにくい
満足度につながる	「未来期待感」		
成長実感につながる	「イノベーション意欲」	「創造力」	「主体性」 「働きかけ力」 「実行力」
それ以外	「問題発見力」 「社会力」	「地域への愛着」	「計画力」

＊ケース1＆2で共に上位5位に入ったものを「身につけやすい」，共に下位5位に入ったものを「身につけにくい」としました

着」「計画力」は工夫が必要であり，社会連携案件の意義をきちんと伝え，業務遂行方法を丁寧に指導する必要があることを示唆しています。

（5）今後の課題

　社会デザイン力指標についてはさらなる検証が必要です。主体性，働きかけ力，実行力，問題発見力，計画力，創造力，社会力，地域へ愛着，イノベーション意欲，未来への期待感からなる「社会デザイン力指標」を提案しましたが，試行は2プロジェクトに過ぎません（n＝70）。今回は除いた「チームで働く力」を入れる必要はないのか，今回の社会連携案件は授業の補助的な案件であったのでさまざまなバリエーションの社会連携案件で試行する必要があること，真に共生的な社会の創成という視点をどう織り込んでいくのか，など更なる検証を積み重ねた上で改善が必要であると認識しています。

6．社会連携を通じた教育

　「フィナンシャル・タイムズ」元東京支店長ディヴィッド・ピリング氏はその著書『日本—喪失と再生の物語』の中で，大きな困難に遭遇するたびに不屈の精神で乗り越えてきた日本人のスピリットを讃え，「失われた20年」後の過度な日本悲観論を戒めています。日本は，不変の社会でも同質社会でもなく，常に適応と進化の過渡期にある社会であると捉えています。大震災後の日本に

ついては変化したことと変化しなかったことがあったと冷静に分析した上で，大震災の後に，自らの手で運命を切り拓くことを選び，努力を続ける人たちの存在に希望を見出しています。「震災は日本を変えたのか？」という同氏の問いは私たち一人ひとりに突き付けられています（ピリング，2014a：25-54，2014b：250）。社会連携を通じた教育は，東日本大震災後の新たな日本社会を創り上げていく「原動力」になりうるものであると確信しています。

　社会デザイン力指標の分析から明らかになったことは，社会連携を通じた教育は，地域の課題と取り組む中で，未来への期待感を育むということです。「未来を予測する最善の方法は，自らそれを創り出すことである」と言われます。社会連携教育の真髄は，未来の創り手を生み出すことにあるのです。

コーヒーブレイク7：大学生観光まちづくりコンテスト

　人口減少・少子高齢化に直面するわが国において「地方創生」が喫緊の最重要課題である中，観光は，海外からの旺盛なインバウンド需要の取り込みや国内観光の振興によって交流人口を拡大させ，地域を活性化させる原動力となります。観光立国の推進に向けては，従来の枠にとらわれない若者の自由な発想に基づくアイデアも期待されており，観光まちづくりを通じた地域活性化プランを競う「大学生観光まちづくりコンテスト」（主催：大学生観光まちづくりコンテスト運営協議会，後援：観光庁，文部科学省，総務省，経済産業省，日本観光振興協会，日本旅行業協会など）が例年開催されています。県立女子大学の安齋ゼミナールでは2013年度から毎年挑戦し，4年連続の入賞を果たしました。

　2013年度は「東日本ステージ」に参加し，「人旅（ひとたび）～あなたを待つ人がいる～」というプランで「ポスターセッション優秀賞」を受賞しました。人旅（ひとたび）とは「1人旅」「人に出会う旅」「1度きりの旅」の意味で，空き家を活用し，地域住民と外国人が交流する様々な機会を創出する旅を提案しました。

　2014年度は「東日本ステージ」に参加し，「怒りのランタンで富士山の噴火を阻止せよ」というプランで「ポスターセッション優秀賞」を受賞しました。

親子連れの参加者が地元の人達と交流しながら環境についての意識を高めるというストーリー仕立てのツアーを提案しました。

2015年度は「青森ステージ」に参加し，「ぬぐまりっじ～本州の最北端で愛を誓う～」というプランで「ポスターセッション優秀賞」を受賞しました。地元の商店街や学生も巻き込んだ心温まる結婚式による通年の集客と地域の活性化を提案しました。

そして2016年度は「金沢ステージ」に参加し，「7つの北陸物語～なんとかがやく私の人生～」というプランで初めて本選に出場し「とやま観光推進機構賞」を受賞しました。人生の節目に北陸を訪問することで，一生を通して記憶に残る特別な場所にするという提案を行いました。

数か月にわたり，調査・分析，現地でのフィールドワーク，企画・立案に邁進し，夏休みは毎日のように討議を繰り返し，ポスターセッションや本選で最高のプレゼンテーションを披露してきた歴代のゼミ生達の地道な努力と弾ける創造性を誇りに思っています。

参考文献

安齋徹，2015年7月〜2016年3月，「社会デザイン便り」，朝日新聞〈群馬版〉

安齋徹，2017年，「大学生の社会デザイン力の向上〜社会連携案件を通じた成果測定の試み〜」，『Social Design Review』第8号，p.1-17，社会デザイン学会

伊井義人・橋本伸也，2014年，「地域資源を活用した大学教育・研究を推進するための方策─藤女子大学と石狩市の連携を事例として─」，『藤女子大学 QOL 研究所紀要』第9巻第1号，p.27-73

伊藤眞知子，2007年，「地域の課題と大学まちづくり─交流から共創へ」，伊藤眞知子・大蔵恒彦・小松隆二編著『大学地域論のフロンティア─大学まちづくりの展開』，論創社

大宮登・増田正・高崎経済大学附属地域政策研究センター，2007年，『大学と連携した地域再生戦略 地域が大学を育て，大学が地域を育てる』ぎょうせい

門脇厚司，2010年，『社会力を育てる─新しい「学び」の構想』，岩波書店

片岡寛光・田村正勝，1980年，『大学の精神』，三修社

木村雄三・矢ケ崎隆義・岡村省三，2008年，「理科教室の展開と支援参加した学生・大学院生への教育的波及効果：地域貢献活動を通しての学生のデザイン能力等の育成を目的とした工学教育の実践」，『工学・工業教育研究講演会論文集』平成20年度，p.426-427，日本工学教育協会

教育再生実行会議，2015年，「「学び続ける」社会，全員参加型社会，地方創生を実現する教育の在り方について（第六次提言）」，http://www.kantei.go.jp/jp/singi/kyouikusaisei/pdf/dai6_1.pdf，(検索日：2017年1月25日)

久木元秀平，2011年，『ソーシャル・キャピタルと大学の地域貢献』，大阪公立大学共同出版会

経済産業省，2010年，『社会人基礎力 育成の手引き─日本の将来を託す若者を育てるために』，河合塾

公立大学協会，2002年，『公立大学の地域貢献』，公立大学協会

越川茂樹・三原鉄平・山本登志子，2011年，「地域と大学の協働・共創的関係に関する一考察─OPU フォーラム2011シンポジウム「躍動する地域づくり」を超えて─」『岡山県立大学保健福祉学部紀要』第18巻第1号，p.65-74

小松隆二，2007年，「大学地域論の基本的問題─大学まちづくりと連帯」，伊藤眞知子・大蔵恒彦・小松隆二編著『大学地域論のフロンティア─大学まちづくりの展開』，論創社

駒見和夫，2014年，「大学博物館活動と地域連携─和洋女子大学の活動から─」，『Museum 千葉』第43号，p.27-31，千葉県博物館協会

社会人基礎力に関する研究会，2006年，「社会人基礎力に関する研究会─中間とりまと

め」，経済産業省，http://www.meti.go.jp/policy/kisoryoku/chukanhon.pdf,（検索日：2016年4月6日）。

ソーシャルデザイン会議実行委員会，2013年，『アイデアは地球を救う。希望をつくる仕事　ソーシャルデザイン』，p.32-33，宣伝会議

中央教育審議会，2005年，「我が国の高等教育の将来像（答申）」，http://www.mext.go.jp/b_menu/shingi/chukyo/chukyo0/toushin/attach/1335581.htm,（検索日：2017年1月25日）

中央教育審議会，2012年，「新たな未来を築くための大学教育の質的転換に向けて～生涯学び続け，主体的に考える力を育成する大学へ～」，http://www.mext.go.jp/b_menu/shingi/chukyo/chukyo0/toushin/1325047.htm,（検索日：2017年1月26日）

中央教育審議会生涯学習分科会，2013年，「第6期中央教育審議会生涯学習分科会における議論の整理」，http://www.mext.go.jp/component/b_menu/shingi/toushin/__icsFiles/afieldfile/2013/02/19/1330338_1_1.pdf,（検索日：2017年1月25日）

恒松徳五郎・江角弘道・長崎雅子・吾郷美奈恵・吉川洋子・中谷久恵・落合のり子・曽田陽子・若林由香・栗谷とし子，1998年，「島根県立看護短期大学における地域貢献─周辺地区の家庭訪問実習，公民館活動との連携と看護支援システム構築の歩み─」，『島根県立看護大学紀要』第3巻，p.99-108

服部直幸・土井進，2013年，「学生主体の地域貢献活動「信大YOU遊未来」による学生の成長」，『教育実践研究』，No.14，p.91-100，信州大学教育学部附属教育実践センター

ディヴィッド・ピリング，仲達志訳，2014年a，『日本─喪失と再生の物語［上］』，早川書房

ディヴィッド・ピリング，仲達志訳，2014年b，『日本─喪失と再生の物語［下］』，早川書房

山岡義卓・小口悦子・海野知紀，2011年，「ゆずの利用法をテーマにした家政学系女子大学の地域連携の取り組み─相模原市藤野地区における事例─」，『東京家政学院大学紀要』第51号，p.59-66

第8章

ゼミナールで鍛える

──目指せ日本一

1．ゼミナールとは

　ゼミナールとは「大学などで教員の指導のもとに少数の学生がみずからの発表や討論により主体的に学習を進める形の授業，またその教授方式」です（広瀬，1988：635）。大学における教育形態として重要な位置を占め，教員が一方的に研究成果を教授する講義形式と対照をなし，ラテン語の seminarium（〈苗床〉の意）を語源とすると言われています（広瀬，1988：635）。

　ゼミナールこそは最も大学らしい授業形態であり，その教育効果は大きいと考えられています（毛利，2007：1）一方で，ゼミナールに関する実証研究が十分に行われているとは言い難いのが現状です。その理由としてはゼミナールの個別性が強いことがあげられます。毛利によれば，ゼミナールは3つの特性を有しています（毛利，2007：1）。第1に多様性です。ゼミナールのやり方はさまざまであり，教育する条件によって左右されます。第2に密室性です。多人数が受講する講義に比し人目に触れることが少ないです。第3に全人性です。ゼミナールという対面教育においては教員の生き方・人間性という要因が講義以上に入りやすいです。

　またゼミナールに関する実証研究の多くは初年次教育および教養ゼミナールに関するもの（例えば，林・藤本，2010：186-189，中村，2009：1-13，高橋，2008　：85-104）であり，専門教育としてのゼミナールに関する実証研究は僅少です（伏木田・北村・山内，2011：158）。首都大学東京の伏木田雅子先生らは対象のゼミナールに焦点を当て，学習成果を具体化し，活動や経験との関係などを検討することは大学教育の質保証に有用な知見を付すことになると指摘（伏木田・北村・山内，2011：158）し，さらに，教員はゼミナールを専門教育

の方法としてだけでなく共同体としても認識していること，専門性の習得を超えた価値をゼミナールに見出している可能性があること，を明らかにしています（伏木田・北村・山内，2013：143）。

2. ゼミナールを通じた人材の育成

　本章では，人材育成の場としてゼミナールに着目し，ゼミナールを通じた女性人材育成の可能性を考察します。既述のとおりゼミナールの個別性は高いものの，大学教育の質的転換が求められている中，むしろ特色ある事例研究を積み上げていくことで大学教育の可能性を広げていくべきであると考えています。
　筆者が主宰する群馬県立女子大学国際コミュニケーション学部におけるゼミナール（2013年度の3年生）を題材に，活動内容と運営方法を提示した上で，さまざまな指標で3年終了時の学生の変化を確認しました。従来の先行研究ではゼミナールの自己分析が中心でしたが，客観性を担保するために全国の文系ゼミナールに所属する大学3年生200名を対象に「大学3年のゼミナール活動に関する意識調査」も並行的に実施しました（図表8-1，8-2，8-3）。ゼミナールに関する全国的な調査は寡聞であり，同調査自体にも大きな意義があります。

図表8-1　調査の概要

名称：大学3年のゼミナール活動に関する意識調査
時期：2014年2〜3月
対象：全国の文系学部に在籍しかつゼミナールに所属する大学3年生200名
方法：株式会社クロス・マーケティングを通じたインターネット調査

図表8-2　回答者の属性

	人数	比率
男性	94人	47.0%
女性＆共学大学	86人	43.0%
女性＆女子大学	20人	10.0%

図表8-3　回答者の学部

	人数	比率
人文系	52人	26.0%
経済・商・経営学系	48人	24.0%
法学系	33人	16.5%
国際・社会学系	24人	12.0%
生活科学系	2人	1.0%
その他	41人	20.5%

　教育成果を測定する指標として，社会人基礎力を主に参照しました。既述のとおり経済産業省が産学官の有識者から構成される研究会での検討を経て社会で活躍していくために必要な力を明確化した能力要素です（経済産業省，2010：2）。

3．ゼミナールの活動内容と運営方法

（1）概要

　群馬県立女子大学国際コミュニケーション学部の人的資源管理研究ゼミナール（当時）では「個人の成長や人生の充実が，企業の発展を促進し，ひいてはよりよい社会の構築につながるような好循環を志向しながら，人的資源管理とその周辺領域を研究する」ことを目標とし，2013年度の3年生は8人でした。ゼミナールでは「日本一のゼミを目指そう！」というビジョンを掲げて積極的に活動を行いました。2014年度からは「社会デザイン論ゼミナール」と改名し，「社会を変える，ビジネスを創る，自分を磨く」ことを目標に，思考力・行動力・創造力を身につけながら，これからの社会やビジネスを如何にデザインしていくかを探求していますが，大きな意味でゼミのフレームワークは変わっていません。

（2）活動内容

　5つの枠組みに分類して多様な活動を行いました。

（A）スタディ・プロジェクト

テキストの輪読と全員参加の討議により基本的な知識を習得しました。ケース・スタディも併用し，新聞記事も題材として利用しました。

（B）リサーチ・プロジェクト

研究テーマを自ら選定し，前期（5,000字以上），後期（10,000字以上）にゼミ・レポートを執筆しました。

（C）チャレンジ・プロジェクト

学外のコンテストやプログラムに積極的に挑戦しました。具体的には，「大学生まちづくりコンテスト」「JFN学生ラジオCMコンテスト」「学生起業家選手権」などに挑戦しています。各々の案件に学生は全力で取り組み，後述のとおり，傑出した成果を収めています。

（D）リアル・プロジェクト

教室を飛び出す活動を通じて実社会の人や現場に触れ視野を広げました。東北・熊本復興応援チャリティ・リレーマラソン東京の支援を行ったり，キャリアを考える機会として社会人をゲストに招いたワークショップを学内で開催したほか，工場見学や企業訪問を行いました。

（E）コミュニケーション・プロジェクト

スポーツ大会やボーリング大会，懇親会（ハロウィーンやクリスマス）やOG会を開催し，夏には2泊3日の合宿を実施しました。学園祭で郷土料理を提供する模擬店を出店したこともありました。

（3）運営方法

上記のとおり，多彩な活動を行いましたが，運営方法にも工夫を凝らしました。

　第1にサブゼミの開催です。群馬県立女子大学国際コミュニケーション学部ではゼミナールの開催は原則として週1回ですが，週1回では時間が不足することが明らかであったため，本ゼミに加えて，サブゼミを開催しました。本ゼミでは，スタディ・プロジェクト（テキストの輪読と討議）とリサーチ・プロジェクト（各自の研究発表）を行い，サブゼミで，その他のプロジェクトを行いました。軌道に乗るまでの1～2か月は教員が運営に関わりましたが，その後は基本的に学生に一任しました。学生による運営は学生の自主性を育むものであり，学外コンテストの期限が切迫してくると，毎日のようにサブゼミを開催し，喧々諤々と議論を積み重ねていました。「サブゼミがあることによって，勉強だけでなくさまざまなコンテストに挑戦し，学生生活を有意義に過ごすことができた」という声が寄せられました。

　第2に案件ごと輪番でのリーダー制です。通例，ゼミ幹事やゼミ長なるリーダーを選出することが多いようですが，役割が固定化することを忌避しました。大小さまざまな案件のリーダー役をアット・ランダムに割り振り，毎回2名のリーダーを選任しました。リーダーは案件の運営責任を担い，「指示待ちでは務まらない」ことを強調しました。複数の案件が走る中，リーダーとフォロワーの経験を同時並行的に積むことは，それぞれ立場の苦労や悩みをわかり合えることに繋がり，貴重な経験になっていました。「いつも違う人がリーダーをするのが良かった」「これまでリーダーとしての経験が殆どなかったが，リーダーがこんなに大変であることを初めて学んだ」という声が寄せられました。

　第3に毎回の席替えした上でのペアでのディスカッションの徹底です。ゼミナールでは毎回席替えを実施し，特定のメンバーで固まらないように留意しました。ペアでのディスカッションを積み重ねることで，相手の意見を聴くこと

と自分の意見を主張することの基本を身につけました。そうした経験が結実し，全員で取り組むチャレンジ・プロジェクトでも臆せず異なる意見をぶつけ合いながら，時間をかけて合意形成を図っていました。「今まで他人と意見をぶつけ合う機会があまりなかったが，ゼミ生との討論を通して自分とは全く異なる意見を聴けて勉強になった」という声が寄せられました。

　第4に毎月の個人面接です。ゼミナール全体として負荷をかける一方で，一人ひとりへのきめ細かいケアも必要であると考えました。リサーチ・プロジェクトの研究の進捗を確認しつつ，学生生活全般，ゼミナール運営や人間関係について学生の意見をしっかりと受け止めるように心がけています。「いつでも相談できる安心感があった」「自分の変化や自分の悩みの解決のヒントを見つける場であり，面接後に行動したくなるような面接であった」という声が寄せられました。

　第5にビジネス・マナーの徹底です。挨拶，時間厳守やメールの24時間以内の返信など基本的なことを掲げたゼミナールの行動指針を策定しました（図表2-1）。当たり前のことを当たり前にすることの重要性を再三強調し，しかるべきことは理由を付して叱るようにしました。「普段誰も注意してくれないことも多いので，先生からの貴重な喝を大切にしていきたいと思っている」という声が寄せられました。

（4）特徴

　学生の成長を促したゼミナールの特徴として3点を掲げます。

　第1に高いビジョンを掲げたことです。ゼミナールの募集時から「日本一のゼミを目指そう！」というビジョンを提示し，ゼミの理念に賛同し全力で取り組む覚悟のあることを応募の条件としました。ゼミナールの初日には，「日本一〇〇〇のゼミを目指そう！」の「〇〇〇」について意見を出し合うのが恒例となっており，当該学年では「やる気のある」「誇れる」「挑戦する」「Livelyな」「笑顔あふれる」「やりがいのある」「意欲的な」「瞳がキラキラした」という目標が一人ひとりから寄せられました。自他ともに納得した高い目標を掲げていることが原動力となっていました。

　第2にストレッチ・アサインメントです。ストレッチ・アサインメントとは，

現在の能力よりも高めの任務を与えることです。ゼミナールでは，能力以上の案件を同時並行で複数こなすことを課すこととなり，ある意味，社会に出たら当然に遭遇することの疑似体験となっていました。企業での実務経験を経ている筆者としては，ストレッチ・アサインメントを通じて時には失敗し挫折も体験し，それでも成長が促されることを経験して欲しいという思いがありました。学生にとっては負荷を感じる場面もあったようですが，度重なる困難を乗り越えることで，しなやかさと逞しさを身につけていきました。「複数の案件を同時にこなすことに対してクオリティの低下につながるというイメージを持っていたが，器用にあるいは短期効率的に取り組めばすべてやり切ることができるということを学んだ。やはり，たくさんの事柄を上手に取り組むことができれば，さまざまなことに挑戦でき，思ってもみなかった興味が見つかったり，考え方が広がったりすると思った」という声が寄せられました。

　第3に，運営上きめ細かな工夫を凝らしたことです。前述のとおり，毎回席替えしてのペアでのディスカッションの徹底，案件ごとの輪番でのリーダー制や毎月の個人面接など，筆者が独自に考案した方法は学生からも一定の評価を得ることができました。群馬県立女子大学国際コミュニケーション学部は比較的小規模の学部であり，少人数制の教育が実現できる土壌があったことも幸いでした。学生からは「いつも違う人がリーダーをやるのが良かった。2人でやることによって情報共有の大切さや支え合いができたので，2人というのも大事であった」「定期的な面接にとても助けられた。何かあれば絶対相談できる場所があり，嬉しかった」という声が寄せられました。

4．調査結果

（1）大学3年のゼミナール活動に関する意識調査

　回答者200名が所属する大学3年のゼミナールは1名から40名に及び平均11.7名でした。同じゼミナールと言っても規模にかなりのばらつきがありました（図表8-4）。

図表8-4　ゼミナールの人数

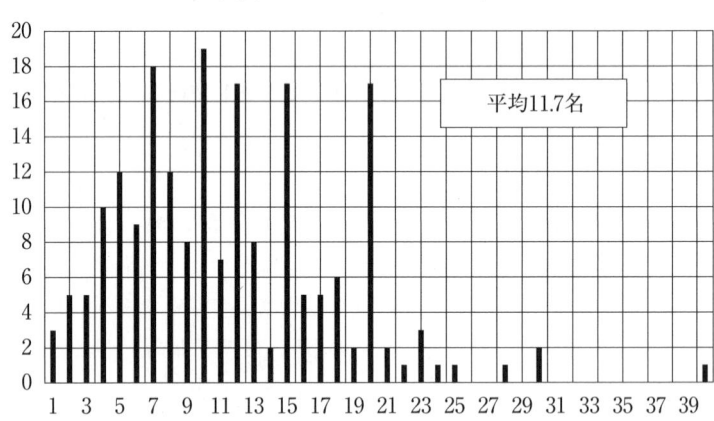

　88%のゼミナールの活動は原則週1回でした。原則週2回のゼミナールはきわめて少なかったです（図表8-5）。

図表8-5　ゼミナールの開催頻度

	人数	比率
原則週1回	176人	88.0%
原則週1回であるが繁忙時には週2回以上になる	18人	9.0%
原則週2回	5人	2.5%
原則週2回であるが繁忙時には週3回以上になる	0人	0.0%
その他	1人	0.5%

　教室外の活動について「大いにあった」を5，「なかった」を1とすると平均2.84でした（図表8−6）。「大いにあった」（13.0％）と「ややあった」（29.5％）と回答した者に教室外での活動内容を聞いたところ，具体的には合宿が21.0％，OB・OG会が10.5％，地域貢献や社会貢献の取り組みが9.0％，企業や工場などの訪問・見学が9.0％，他大学のゼミナールとの交流が9.0％，学園祭での発表や出店が8.5％，学外コンテストやイベントへの挑戦が6.0％でした（図表8−7）。思いのほか教室外で積極的に活動しているゼミナールは僅少でした。

図表8−6　教室外の活動の有無

〈平均2.8〉	人数	比率
5．大いにあった	26人	13.0％
4．ややあった	59人	29.5％
3．どちらともいえない	23人	11.5％
2．あまりなかった	40人	20.0％
1．なかった	52人	26.0％

図表8−7　教室外の活動内容

活動	人数	比率
合宿	42人	21.0％
OB会/OG会	21人	10.5％
地域貢献・社会貢献の取り組み	18人	9.0％
企業や工場などの訪問・見学	18人	9.0％
他大学のゼミとの交流	18人	9.0％
学園祭での発表や出店	17人	8.5％
学外コンテストやイベントへの挑戦	12人	6.0％
その他	15人	7.5％

　5段階評価で聞いたところ，教室外での活動2.8に加え，ハードさは2.8，忙しさは2.9，総体評価は3.7，成長実感は3.4でした（図表8−8）。なお，性別・大学別にみると，残念ながら女子大学のゼミナールの総体評価・成長実感は必

ずしも高くありませんでした。ゼミナール教育の充実に向けて一層の奮起が望まれます。

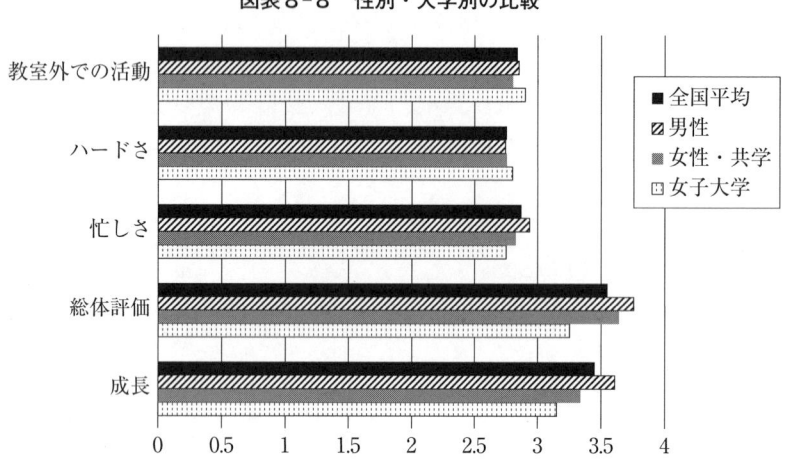

図表8-8　性別・大学別の比較

（2）当該ゼミナールと全国平均の比較

　教室外での活動，ハードさ，忙しさ，総体評価，成長実感，で当該ゼミナールは全国平均を凌駕していました（図表8-9）。なお当該ゼミナールは8名，活動は原則週2回であるが繁忙期には3回以上，教室外の活動としては，合宿，OG会，地域貢献・社会貢献の取り組み，企業や工場などの訪問・見学，学園祭での出店，学外コンテストやイベントへの挑戦を行っていました。

　ゼミナール活動を通じて社会人基礎力が高まったかを質問したところ，当該ゼミナールが柔軟性（意見の違いや立場の違いを理解する力），傾聴力（相手の意見を丁寧に聴く力），状況把握力（自分と周囲の人々や周囲の物事との関係性を理解する力），主体性（物事に進んで取り組む力），ストレスコントロール力，規律性（社会のルールや人との約束を守る力）で抜きんでていました（図表8-10）。当該ゼミナールではメンバー同士が切磋琢磨する場面が多かったことが影響しています。

　ゼミナール活動を通じてその他の意欲・スキル・能力が高まったかを質問したところ，当該ゼミナールが好奇心（新しいものへの好奇心や進取の精神），

図表8-9　当該ゼミナールと全国平均の比較

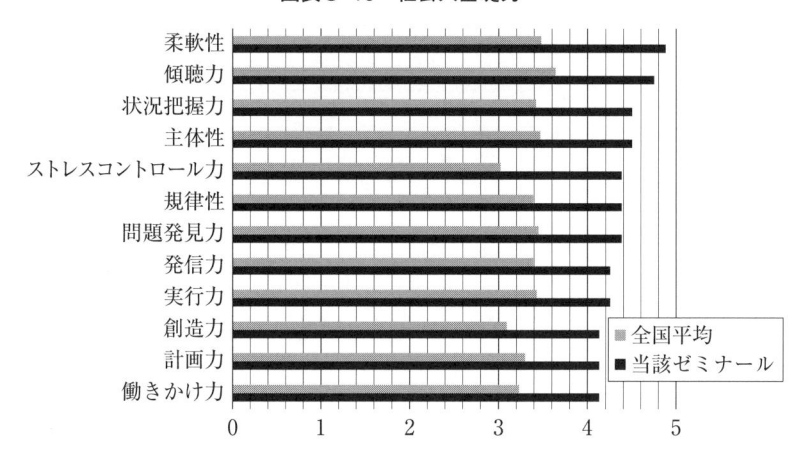

図表8-10　社会人基礎力

イノベーション意欲（社会や企業を変革していく意欲），チャレンジ精神（さまざまなことに積極的に挑戦する意欲），人間に対する信頼感（他者を信頼する気持ち），未来に対する期待感（未来を創造していくワクワク感），キャリア意識（働くことに対する意欲），競争意欲（他人や他のチームに負けたくないという気持ち）で抜きんでていました（図表8-11）。社会や企業を変革していく意欲を植えつけ，何事にも果敢に挑戦することを促したことが未来志向の前向きな姿勢につながっていました。反面，専門分野の理解（ゼミナールの分野

における専門知識）では全国平均に僅かですが劣後しました。専門分野に関しては，テキストの輪読やレポートの執筆など通常のゼミナールと同等のレベルでは行ったと自負していますが，多彩な活動に紛れて学生にとっての印象が薄くなってしまった感は否めません。

図表8-11　その他のスキル・意欲・能力

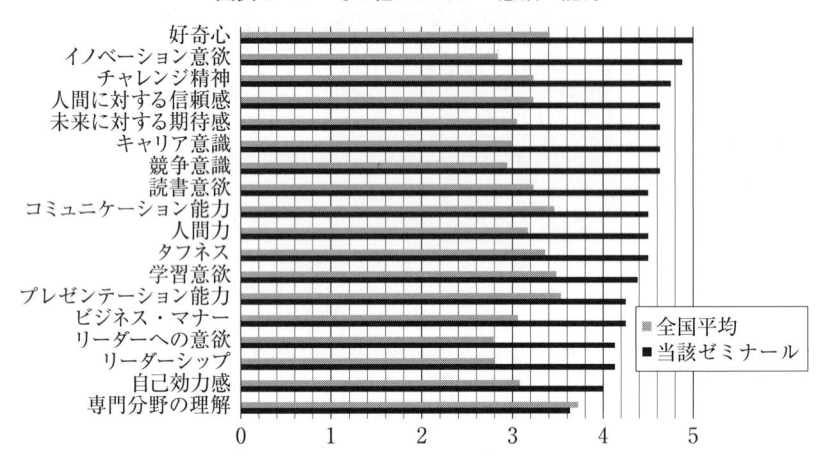

（3）当該ゼミナールを通じて成長したこと

　学生からは以下のようなコメントが寄せられました。「プレゼンテーションが苦手であったが，ゼミやコンテストで経験を積み重ねることによってプレゼンテーション能力が上達した」「個人としての行動であってもチーム全体に影響を与えることを知り，自分の貢献がそのままチームに活きることを実感した」「本屋でビジネス誌を読んだり，エコプロダクト展でサラリーマンに交じって講義を聴いたり，日経MJを自宅で購読したり，ビジネスに対して積極的に行動するようになった」「今までと違った視点で皆を支えていくリーダーシップのあり方を学んだ」「他者と協力して成し遂げることのやりがいを感じた」「チーム内での人間力も鍛えられたし，プレゼンテーションでは相手の気持ちを考え，ずっと人について考え続けた」「たくさんの事柄を同時に進めることに挑戦できるようになった。最初は抵抗があったが今では同時に複数のことをこなしたいという前向きな気持ちを持っている」

　同時並行的に複数の案件をこなす中で自律的な行動を心がけ，否が応でも本音でぶつかり合う中で集団内での身の処し方を体得し，学外コンテストへの挑戦を通じて視野を広げ発信力を身につけ，一歩一歩成長していた様子が窺われます。

（4）当該ゼミナールを通じて困難であったこと

　学生からは以下のようなコメントが寄せられました。「皆をまとめる立場になったときに，意見やスケジュールなど，公平に調整することが最初は困難であったが，だんだんと数を重ねるうちに乗り越えることができた」「チームのマネジメントの仕方，人をまとめることは特に困難であった。乗り越えられたかはわからないが，自分のリーダーシップの発揮の仕方を考え，メンバーの性格やチームの状況に合わせたリーダーになることが一番であると感じた。チームのことをとてもよく見るようになった」「時間管理の大切さを痛感した。しかし，複数の案件を同時に行うことで，メンタル面では強くなった。皆の「頼りなよ」の一言で気持ちが楽になったり，やり抜こうという前向きな気持ちになった」「チャレンジ・プロジェクトでは決めることが多すぎて議論の時間があまり取れなかった。ミーティングの効率性を高める必要があった」「リーダー役とメンバーの難しさを感じた。メンバーとして，どうチームに働きかけるか，出しゃばりと思われることを恐れて思いを行動に移せない場面があった。プロジェクト後の反省会で，ゼミとして成長していくためには，リーダーであろうとなかろうとしっかり意見を伝えていく必要があることを確認し合えた」

　さまざまな案件をさまざまな役割で乗り切ることにより，各人各様のリーダーシップを見つけていきました。壁にぶつかり，自分と向き合い，時として挫折感・無力感を味わい，時に「悔し涙」を流すこともありますが，成長の過程として必要なことであると考えています。

5．ゼミナールによる教育

　本章では群馬県立女子大学国際コミュニケーション学部で筆者が主宰するゼミナールでの教育実践を紹介しました。「日本一のゼミを目指そう！」という

高いビジョンを掲げ，ストレッチ・アサインメントとも言うべき能力以上の案件を同時並行で複数こなすことを課しつつ，運営方法にもきめ細かな工夫（例：毎回席替えしてのペアでのディスカッションの徹底，案件ごと輪番のリーダー制や毎月の個人面接）を凝らしながらゼミナール運営を行った結果，学生は高い満足度，成長実感を得ていました。社会人基礎力では柔軟性，傾聴力，状況把握力，主体性，ストレスコントロール力，規律性，その他の意欲・スキル・能力では，好奇心，イノベーション意欲，チャレンジ精神，人間に対する信頼感，未来に対する期待感，キャリア意識，競争意欲などが全国平均と比べて傑出しており，企業が女性人材の育成に向けて大学教育に期待する骨太の人間教育を女子大学のゼミナールが果たしうることを示唆しています。

　ここで，チャレンジ・プロジェクトで取り組んだ学外コンテストでリーダー役を果たした学生の言葉を紹介します。「まとめ役の立場に立ち，今まで如何に周りの人に頼り切っていたのか実感した。以前は自分が一番大切で，自分を優先していたが，周りの人を優先という考えに変わった。終盤に近づくにつれ，辛い思いをしている人はいないか？　どんな思いなのか？　そういう心配りが少しできるようになった。何より嬉しかったのは皆が心配してくれたことだ。そして私を立ててくれた。そうしてやっと行動している自分に苛立ちを覚えたりした。まだまだだなと思う。この経験はすべてに生きてくるはずだ。辛かったがやって良かったと思う」と，まさに，集団の中でうまくいかない経験に遭遇しながらも人間として成長していました。学生たちは自発的に行動を起こし，案件が終わると自主的に反省会を開き，改善すべき点を本音で語り合っていました。そこには，企業が忌避する「ひ弱で受け身で馴れ合う」女性人材の姿はありません。

6. ゼミナール教育の進化

　本章では，2013年度の３年生を題材にしていますが，その後も安齋ゼミナールは進化しています。

　第１にリアル・プロジェクトの充実です。チャレンジ・プロジェクトだけでは，コンテストの結果に一喜一憂してしまうことから，地域の課題に取り組む

案件を増やしています。2014年度には，玉村町のゆるキャラ "たまたん" の生き残り策の提案（第7章4‐(2)），2015年度には，群馬県立図書館の更なる活性化策の提案（第7章4‐(4)）と道の駅 "玉村宿" 女子大プロジェクト（第7章4‐(5)），2016年度には，大学生が小学生を案内する英語も学べる玉村ツアーの企画・実行に取り組みました。

　第2にチャレンジ・プロジェクトで成果を重ねています。2012年の創設以来，以下のような実績を誇っています。

【2012年度】

NRI学生小論文コンテスト：特別審査委員賞

　（農産物直売所による子育て支援）

【2013年度】

大学生観光まちづくりコンテスト（東日本ステージ）：

　ポスターセッション最優秀賞

　（河口湖町による人と出会う「人旅」ツアー）

【2014年度】

学生起業家選手権：東京イノベーション賞（お菓子のテーマパーク）

大学生観光まちづくりコンテスト（東日本ステージ）：

　ポスターセッション最優秀賞（河口湖町と笛吹市を巡るエコツアー）

出版甲子園：決勝進出（ガールズ・イングリッシュ本）

NRI学生小論文コンテスト：特別審査委員賞（高齢者宅での学童保育）

【2015年度】

ビジネスアイデアコンテスト：奨励賞（富岡市の子供用絹製品のパッケージ化

JFN学生ラジオCMコンテスト：

　FM GUNMA優秀賞（大学ラジオCMの作成）

大学生観光まちづくりコンテスト（青森ステージ）：

　ポスターセッション優秀賞（青森市におけるウェディング・ツアー）

知財活用アイデア全国大会：東日本大会進出（スマホ太陽電池型充電器）

NRI 学生小論文コンテスト：奨励賞
　（地域の食材を使用したハンドメイド化粧品を高齢者が商店街で販売）
学生ビジネスプランコンテスト：
　努力賞（群馬県内の大学を結ぶ電気自動車のシェア・ビジネス）
【2016年度】
JFN 学生ラジオ CM コンテスト：FM GUNMA 優秀賞（大学のラジオ CM）
大学生観光まちづくりコンテスト（北陸ステージ）：
　とやま観光推進機構賞（人生の節目に北陸を訪ねるプラン）
前橋企業魅力発掘プロジェクト：
　最優秀賞（温度差発電技術を用いたキーホルダー）
日本遺産魅力発信企画学生コンペティション：
　優秀賞（群馬＝女性活躍先進県とする大作戦）

NRI 学生小論文コンテスト：奨励賞（教育とエンターテイメントの融合）
学生ビジネスプランコンテスト：努力賞（水素バスによる観光地回遊プラン）

【2017年度】

住友理工　学生小論文アワード：

　最優秀賞次席（東北における企業研修の常設）

JFN 学生ラジオ CM コンテスト：ブロック賞（大学のラジオ CM）

ビジネスアイデアコンテスト：最優秀賞（新感覚の古民家カフェ）

学生ビジネスプランコンテスト：アイデア賞（ダム関連ビジネスの展開）

　結果的に，大学生観光まちづくりコンテストは4年連続入賞，NRI 学生小論文コンテストは3年連続入賞，JFN 学生ラジオ CM コンテストは3年連続入賞，学生ビジネスプランコンテストは3年連続入賞を成し遂げています。もちろんすべて案件が入賞する訳ではなく，陰で「悔し涙」をたくさん流しています。

　第3に運営面での工夫です。4月早々に「スタートアップ・ゼミ」を開催したり，月次で成長管理を行いシートを作成したり，ボーリング大会などのレクリエーションを増やしたり，と不断の改善を意識しています。

　2017年3月の卒業生からは，「安齋ゼミに入ることができて本当に幸せだった」「受け身の自分が，何でもできるという気持ちに変わった」「アイデアは無限だと気づくことができた」「1人ではできないことも，皆で力を合わせればできることを学んだ」という感想が寄せられました。正確には，まだ「日本一」になったことはありません。これでもか，これでもか，と挑戦し続けても「日本一は簡単には手に入らない」ことを肌身で学んだゼミ生と未来の安齋ゼミ生が，「社会を変える人」として活躍してくれることを祈っています。

コーヒーブレイク8：成長のPDCA管理

　社会デザイン論ゼミナールでは毎月個人面談を行っています。企業社会でも，自分のために時間をとってくれていると感じる上司がいると組織が活性化すると言われています（粟津，2013）。

　毎月の個人面談では，ゼミ活動，学生生活。就職活動，卒業論文などについてざっくばらんに話し合います。面談が冗長にならないように，面談に先立って独自の「SELF-PDCA-SHEET」（図表8-12）を記入します。成長を自分でPDCA管理することが目的です。

　「成長の自己分析」では，ゼミナールで掲げている「思考力」「行動力」「創造力」を具体的な行動に落とし込んで自己チェックをします（図表8-13）。2016年度の3年生平均のビフォー・アフターを見ると全項目で伸びていますが，思考力②（分析力），行動力⑤（計画性）⑧（マナー）がやや苦手なことがわかります（図表8-14）。

図表8-12　SELF-PDCA-SHEET の項目

１．先月の振り返り
（1）所要時間
（2）主な活動内容・成果
　　　スタディ・プロジェクト
　　　リサーチ・プロジェクト
　　　チャレンジ・プロジェクト
　　　リアル・プロジェクト
　　　コミュニケーション・プロジェクト
（3）満足度　（　　　点）100点満点
（4）ぶつかった壁（具体的に）→どう乗り越えたか／乗り越えられなかったか
（5）できたこと・成長したこと（具体的に）
（6）物足りなかったこと・課題として認識したこと
２．成長の自己分析（次頁参照）
３．来月に向けた抱負
（1）やるべきこと
（2）抱負・意気込み
（3）抱えている悩み

図表8-13　成長の自己分析

【思考力】
① 専門知識や必要なスキルを議論も交えながら深く習得することができる
② 視野を広げ，情報やデータを自ら収集し，論理的に分析することができる
③ 自らの考えをまとめ，口頭や書面でわかりやすく発表・発信することができる
【行動力】
④ 自分の意志・判断で責任を持って行動することができる
⑤ 目的と目標を設定し，順序立てて計画して確実に実行することができる
⑥ 共通の目標を達成するために，各自の役割を全うし，協働することができる
⑦ 時にストレスと上手に付き合い，明るく楽しく前向きに行動することができる
⑧ 基本的なマナーを習得し，状況に応じ適切に行動することができる
【創造力】
⑨ 既存の枠にとらわれず，新しいアイデアを生み出すことができる
⑩ 仲間と協力し知恵を出し合うことで，新たな価値を創出することができる

図表8-14　成長の自己分析のビフォア・アフター

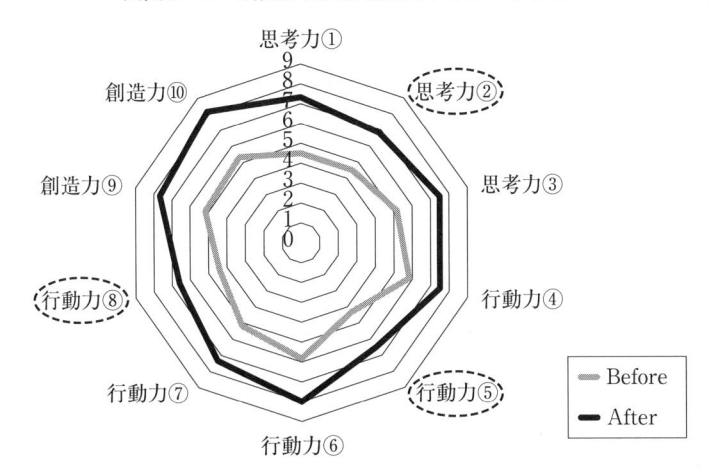

参考文献

粟津恭一郎，2013年7月17日，「組織を活性化させる上司は，"部下のため"に時間をとる」，『Coach's VIEW』，http：//www.coacha.com/view/awazu/20130717.html，(検索日：2014年5月20日)

安齋徹，2015年7月～2016年3月，「社会デザイン便り」，朝日新聞〈群馬版〉

安齋徹，2015年，「女性の活躍推進に向けた大学教育の挑戦～女子大学におけるゼミナールを通じた人材育成の試み～」，『女性と文化』第1号，p.107-127，実践女子学園下田歌子研究所

経済産業省，2010年，『社会人基礎力育成の手引き―日本の将来を託す若者を育てるために』，朝日新聞出版

髙橋節子，2008年，「5年目の基礎ゼミナール―スタディスキル教育とキャリア教育をどうリンクさせるか―」，『白鷗大学論集』第22巻第2号，p.85-104

中村博幸，2009年，「ゼミを中心としたカリキュラムの連続性」，『嘉悦大学研究論集』第51巻第3号，p.1-13

林徳治・藤本光司，2010年，「大学授業におけるアクティブ・ラーニングの教育実践（2）―共通教育科目「教養ゼミナール」を対象として」，『日本教育情報学会　年会論文集』第26巻，p.186-189

広瀬英彦，1988年，「ゼミナール」，『世界大百科事典　15』，p.635，平凡社

伏木田雅子・北村智・山内祐平，2011年，「学部3，4年生を対象としたゼミナールにおける学習者効果・学習環境・学習成果の関係」，『日本教育工学会論文誌』第35巻第3号，p.157-168

伏木田雅子・北村智・山内祐平，2013年，「教員による学部ゼミナールの授業構成：学生の特性把握・目標の設定・活動と指導」，『名古屋高等教育研究』第13巻所収，p.143-162

毛利猛，2007年，「ゼミ形式の授業に関するFDの可能性と必要性」，『香川大学教育実践総合研究』第15巻，p.1-6

第9章

人材を育成するフレームワーク
——未来人材育成モデル

1. 全体像

　女子大学における人材育成の取り組みとして，コミュニケーション教育，リーダーシップ教育，キャリア教育，ビジネス教育，社会デザイン教育並びにゼミナール教育に関わっています（図表9-1）。

図表9-1　筆者が関わっている科目群

1年次	2年次	3年次	3～4年次
コミュニケーション科目	リーダーシップ科目 ビジネス科目	社会デザイン科目 キャリア科目	ゼミナール

　共通するのは，第1に知識を一方的に伝授する講義型の授業ではなく，参加型・双方向型のアクティブな授業を展開していること，第2に授業外でもさまざまな課題を課し相当の勉強時間がかかる仕掛けを施していること，第3に毎回席替えし，初対面のペアでのディスカッションを繰り返していること，第4にリアルな題材や視聴覚教材を活用し飽きのこない新鮮な授業を心がけていること，第5に自分と向き合うこと，自分で考えることを志向していることです。
　これまでと一部重複しますが，教育の概要を整理しておきます。

（1）コミュニケーション教育
　1）概要
　・授業名：ビジネス・コミュニケーション
　・分類：教養教育科目
　・受講生：主として1年生

・授業目標：将来，社会で活躍していくことを念頭に，コミュニケーションに関する知識と技能を習得し，情報を共有し，良好な人間関係や相互信頼を構築する。

・内容：非言語コミュニケーション，傾聴，アサーション，質問力，コーチング，ファシリテーション，プレゼンテーション等

・課題：コミュニケーションに関する論文・記事をレビューする小レポート，計14回

　2）特色

　楽しみながら，さまざまなコミュニケーション・スキルを伝授し，受講生からは「活かせることが本当に多かった」「人との出会いが楽しみになってきた」「自分自身に自信がついた」「人生の質を変えてくれた」とのコメントがありました。

（2）リーダーシップ教育

　1）概要

・授業名：ビジネス・リーダー論

・位置づけ：専門科目

・受講生：主として2年生

・授業目標：「高い志と幅広い視野を有し，世界や地域，企業や組織のあるべき姿を追い求め，コミュニケーションを円滑にとりながら，変化を恐れず果敢に挑戦できる人材」の育成を志向し，ビジネス・リーダーとして必要な知識と技能を身につける。

・内容：リーダーとしての経験の振り返り，自身の価値観の確認，モチベーション理論，リーダーシップ論，ストレス・マネジメント，チーム・ビルディング，マーケティング，イノベーションなど

・課題：「今週の挑戦，今週の失敗，今週の喜怒哀楽」の小レポートＡ，古典などの一節（『自省録』（マルクス・アウレーリウス），『ソクラテスの弁明』（プラトン），『君主論』（ニッコロ・マキアヴェッリ），『孫子』，『プロフェッショナルの条件』（ピーター・ドラッカー）『人を動かす』（デール・カーネギー），『修身教授録』（森信三），『未来のリーダーシップ』（リ

ンダ・ヒル）など）をレビューする小レポートB，毎回2回・計28回の小
レポート

2）特色

観念的なリーダーシップ論を座学で伝授する通り一遍の授業ではなく，グル
ープワークも織り交ぜたダイナミックな授業展開を心がけました。受講生から
は「将来，もっと自分のリーダーシップを活かした人生にしたい」「未来やこ
れからの人生への期待が高まった」「リーダーになるのは苦手だと思っていた
が，自己否定感が和らぎ意欲が湧いた」とのコメントがありました。

（3）ビジネス教育

1）概要

・授業名：経営学

・位置づけ：専門科目

・受講生：主として2年生

・授業目標：経営学についての基本的な用語，考え方，基礎知識を学び，企
業の経営活動を理解する。

・内容：人と組織，マーケティング，生産システム，研究開発，企業の社会
的責任など

・課題：毎回「ビジネスこの1週間」を討議するので事前の情報収集が必要，
CSRレポートのレビュー，四季報や有価証券報告書を用いた個別企業研
究など，レポートは計4〜5回

2）特色

ケース・スタディや実物の資料・商品や新聞などリアルな題材を用いてビジ
ネスの面白さを伝え，受講生からは「さまざまな視点からビジネスを見ること
ができて，新発見がいっぱいあった」とのコメントがありました。

（4）社会デザイン教育

1）概要

・授業名：社会デザイン論

・位置づけ：専門科目

- ・受講生：主として3年生
- ・授業目標：将来の予測が困難な時代にあって，目指すべき社会像を描く知的な構想力が求められている中，これからの社会やビジネスを如何にデザインしていくかを考えていく。
- ・内容：現代社会の見方，資本主義の見直し，ソーシャル・キャピタル，コミュニティ，イノベーション，デザイン思考，CSR（企業の社会的責任），CSV（共有価値の創造），未来のビジネス等
- ・課題：「社会やビジネスの課題，グッド・アイデア」のレポートA，古典などの一節（『国富論』（アダム・スミス），『感情道徳論』（アダム・スミス）『孤独なボウリング—米国コミュニティの崩壊と再生』（ロバート・パットナム），『マネジメント』（ピーター・ドラッカー），『イノベーションのDNA』（クレイトン・クリステンセン），『イノベーションの本質』（野中郁次郎），『共通価値の戦略』（マイケル・ポーター），『ソーシャル・ビジネス革命』（ムハメド・ユヌス），『20歳のときに知っておきたかったこと』（ティナ・シーリング）など）をレビューする小レポートB，毎回2回・計28回の小レポート

　2）特色

　未来へのワクワク感を高めることを目指し，受講生からは「1つ1つの講義で必ず何か驚きや気づき，感動があり，生き方を良くするためのエッセンスが多く散りばめられている授業であった」とのコメントがありました。

（5）キャリア教育

　1）概要

- ・授業名：キャリアとリーダーシップ
- ・位置づけ：専門科目
- ・受講生：主として3年生
- ・授業目標：将来，女性リーダーとして活躍することを念頭に，現代社会における働き方をキャリア理論やワーク・ライフ・バランスなど様々な観点から考察しながら，働くことの意味を考えていく。
- ・内容：女性のライフ・サイクル，キャリア理論，ワーク・ライフ・バラン

ス，女性の活躍推進，リーダーシップなど

・課題：　古典などの一節（『プロフェッショナル人生論』（クレイトン・クリステンセン），『ワーク・シフト』（リンダ・グラットン），『LEAN IN』（シェリル・サンドバーグ），「Stay Hungry, Stay Foolish」（スティーブ・ジョブス），『グローバル・キャリア』（石倉洋子），『不恰好経営』（南場智子）など）をレビューする小レポート，計14回

2）特色

キャリア理論からワーク・ライフ・バランスや女性の活躍推進を考える授業で，受講生からは「自分のキャリアを考える良いきっかけになった」「人生の歩み方は無限であり，自分だけのオリジナルな人生をこれから創り出していけることへの勇気と前向きな気持ちを持つことができた」とのコメントがありました。

（6）ゼミナール教育

1）概要

・授業名：社会デザイン論ゼ実ナール

・位置づけ：専門科目

・受講生：3〜4年生（2年間）

・授業目標：「社会を変える，ビジネスを創る，自分を磨く」ことを目標に，思考力・行動力・創造力を身につけながら，これからの社会やビジネスを如何にデザインしていくかを探求している。

・内容：

5つのプロジェクト（PJ）を同時並行で進めている。

〔1〕スタディPJ：テキストの輪読と全員参加の討議により知識を得ながら思考力を高める。

〔2〕リサーチPJ：研究テーマを自ら選定し，3年次にゼミ・レポート，4年次に卒業論文を執筆する。

〔3〕リアルPJ：教室を飛び出し，実社会の人や現場に触れながら視野を広げる。

〔4〕チャレンジPJ：学外のコンテストやプログラムに積極的に挑戦す

　る。

　〔5〕コミュニケーションPJ：イベントを通じて懇親を深め，併せて段
　　　取り力・情報発信力を身につける。

　2）特色

　案件ごと輪番でのリーダー制，毎回の席替えしてのペアでのディスカッショ
ンの徹底，毎月の個人面接，行動指針の策定など運営方法にも工夫を凝らしま
した。

2．未来人材育成モデル

　以上のような授業およびゼミナールを通じて，人材育成に取り組み，確かな
手応えを感じていますが，全体を貫く人材育成のフレームワークを提示します。
　大きく，「能力・スキル」「視野・ビジョン」「経験・タスク」に分類します。
第1に，コミュニケーション・リーダーシップ・クリエイティビティというベ
ーシックな能力・スキルを習得します。第2に，自分・ビジネス・社会に関す
る未来に向けた視野・ビジョンを身につけます。第3に，協働経験・企画経験，
失敗経験というような経験値を積み重ねます（図表9-2）。

図表9-2　未来人材育成モデル

（1）ベーシックな能力・スキル➡協調力・創造力
　・コミュニケーション
　・リーダーシップ
　・クリエイティビティ
（2）未来に向けた視野・ビジョン➡思考力・構想力
　・自分：自己理解➡自己鍛錬
　・ビジネス：動向把握➡ビジネス創造
　・社会：課題認識➡社会変革
（3）行動・挑戦する経験・タスク➡行動力・実行力
　・協働経験：チームワーク・コラボレーション
　・企画経験：プランニング・共創
　・失敗経験：ストレッチ・タフネス

飛行機に例えるならば，「エンジン」としての知識だけでは，飛び立つこと

ができません（行き先もわからず，浮遊力もなく，進む力もない）。そこで，「操縦桿」を操る視野・ビジョン（自分・ビジネス・社会）を身につけ自ら行き先を見定め，「翼」としてのスキル・能力（コミュニケーション・リーダーシップ・クリエイティビティ）でより高く，速く飛べ，「推進力」となる経験・タスク（協働経験・企画経験・失敗経験）を積み重ねることで実際に前に進むことが可能となるのです（図表9-3）。

図表9-3　未来人材育成モデルの概念図

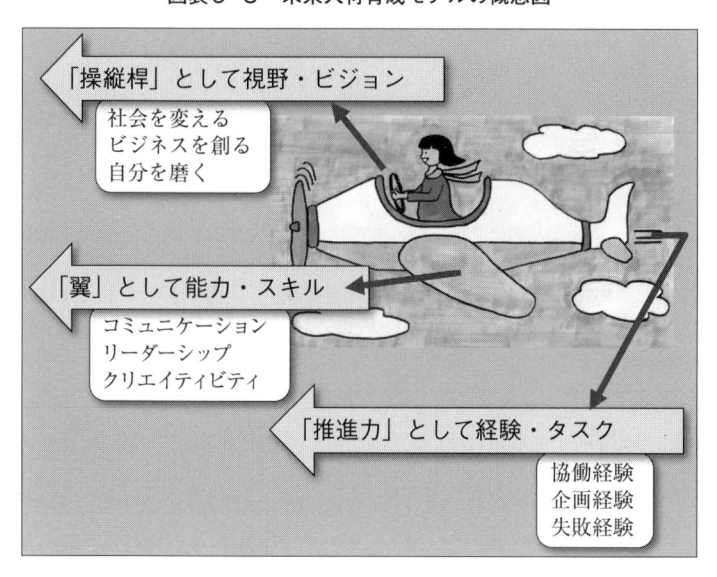

3. 関連づけ

授業・ゼミナールと各要素を紐づけすると，集大成として「社会デザイン論ゼミナール」が位置づけられていることがわかります（図表9-4）。

図表9-4　授業・ゼミと要素の関連づけ

（1）能力・スキル軸
　・コミュニケーション：

　　「ビジネス・コミュニケーション」（1年次）「社会デザイン論ゼミナール」（3年次）
　・リーダーシップ：
　　「ビジネス・リーダー論」（2年次）「社会デザイン論ゼミナール」（3年次）
　・クリエイティビティ：
　　「社会デザイン論」（3年次）「社会デザイン論ゼミナール」（3年次）
（2）視野・ビジョン軸
　・自分を磨く：
　　「ビジネス・コミュニケーション」（1年次）「ビジネス・リーダー論」（2年次）
　　「キャリアとリーダーシップ」（3年次）「社会デザイン論ゼミナール」（3年次）
　・ビジネスを創る：
　　「ビジネス・リーダー論」「経営学」（2年次）「社会デザイン論」（3年次）
　　「社会デザイン論ゼミナール」（3年次）
　・社会を変える：
　　「社会デザイン論」（3年次）「社会デザイン論ゼミナール」（3年次）
（3）経験・タスク軸
　・協働経験：「ビジネス・リーダー論」（2年次）「社会デザイン論ゼミナール」
　　（3年次）
　・企画経験：「ビジネス・リーダー論」（2年次）「社会デザイン論ゼミナール」
　　（3年次）
　・失敗経験：「社会デザイン論ゼミナール」（3年次）

4．各要素の重要性

　能力・スキル，視野・ビジョン，経験・タスク毎に各要素の重要性について
付言します。

（1）能力・スキル軸

　コミュニケーション（下線は筆者，以下同じ）は，社会人に求められる必須
のスキル・能力であると言われています。日本経済団体連合会が実施している
「新卒採用に関するアンケート調査」で「選考時に重視する要素」として「コ
ミュニケーション能力」が13年連続の1位となっています（日本経済団体連合
会，2016：1）。
　リーダーシップは，女性の活躍推進に関わる重要なスキル・能力です。女性

の活躍推進の政策課題の目標の1つは女性管理職の増加であり，既述のとおり，リクルートワークス研究所の石原直子さんは大学時代に女性がリーダーシップ教育を受け，リーダー経験を積むことを強く推奨しています（石原，2014：135）。

クリエイティビティは，未来を切り拓く核心となるスキル・能力である。2008年の中央教育審議会の「学士課程教育の構築について」では，学士力として「これまでに獲得した知識・技能・態度等を総合的に活用して，自らが立てた新たな課題にそれらを適用とし，その課題を解決する能力」として「総合的な学習経験と創造的思考力」を掲げています（中央教育審議会，2008：13）。

なお，グローバル社会を生き抜くために必要とされる能力として注目を集めている「21世紀型スキル」の中にも，創造性とイノベーション，コミュニケーション，コラボレーション（チームワーク）が掲げられており（白水，2014：205-206)，上記3要素と類似しています。

（2）視野・ビジョン軸

自分を磨くことは，大学教育の大切な機能の1つです。名古屋大学の金子元久先生によれば，大学教育によって獲得されるべきものは，特定の専門的知識や技能のみではなく，より一般的な知識や能力を身につけ，社会や自分についての見方や将来の目的なども含めた，広い意味での人格を形成することも極めて重要です（金子，2012：212）。

ビジネスを創ることは，閉塞感漂う日本経済の起爆剤になります。成長戦略の中でも起業家教育の充実が謳われていますが，起業家教育は起業家や企業経営者にだけ必要な特殊なことではありません。高い志や意欲を持つ自立した人間として，他者と協働しながら，新しい価値を創造する力など，これからの時代を生きていく力を育成するために有用です（経済産業省産業経済政策局新規産業室，2015：3）。

社会を変えることは，予測困難な時代に最も求められていることです。2012年の中央教育審議会の答申「新たな未来を築くための大学教育の質的転換に向けて〜生涯学び続け，主体的に考える力を育成する大学へ〜」（質的転換答申）でも，「将来我が国が目指すべき社会像を描く知的な構想力」の必要性と「未

来を見通し，これからの社会を担い，未知の時代を切り拓く力のある学生の育成」の重要性が指摘されています（中央教育審議会，2012：2）。

（3）経験・タスク軸

　協働経験については，他者と協働する力を育むために欠くことができない経験です。2014年の中央教育審議会の答申「新しい時代にふさわしい高大接続の実現に向けた高等学校教育，大学教育，大学入学者選抜の一体的改革について（答申）」でも，主体性を持って他者を説得し，多様な人々と協働して新しいことをゼロから立ち上げることのできる力を大学時代に身につけることが望まれています（中央教育審議会，2014：4）。

　企画経験については，クリエイティビティは一朝一夕に会得できるものではなく，経験の積み重ねが必要です。2015年に教育再生実行会議は「未知の課題に挑み，解決策を生み出すためには，既存の概念にとらわれない創造的な発想力や企画力，直観力が必要です。これを身につけるためには，慣れ親しんだ環境から離れ，失敗を恐れず，未知の場に飛び出して，発想を拡げる経験の積み重ねが不可欠」であると指摘しています（教育再生実行会議，2015：3）。

　失敗経験については，聖心女子大学の大槻奈巳先生が，多様な価値観の中で自分を出していくことの重要性や社会や集団の中で揉まれながらうまくいかない経験をすることの必要性を指摘しています（大槻，2011：26）。

5．今後の課題

　今後の課題は以下のとおりです。

　第1に各授業やゼミナールの不断の改善です。授業やゼミナールを取り巻く状況は刻々と変化しています。

　第2に「未来人材育成モデル」のブラッシュアップです。「未来人材育成モデル」は実践を通じてたどり着いた仮説であり，今後さまざまな観点で検証し，ブラッシュアップしていきたいと考えています。人工知能やロボットによって人間の仕事が代替されるようになろうとも創造性・協調性が必要な業務や非定型な業務は将来においても人が担うとされています（野村総合研究所，2015）。

未来を切り拓く人材像を模索し，そうした人材を育成するモデルを探求して参ります。

　第3に大学教育と初期キャリアにおける人材育成の連続化です。大学教育と初期キャリアの関連についてはまだまだ考察が不十分であると言わざるを得ません。企業と大学の関係は新卒学卒者の採用活動に留まるものではなく，互恵関係を確立し（中央教育審議会，2008：51），真摯な対話を重ねていく必要があります。大学教育から初期キャリアにかけての連続的な人材育成の仕組みを創り上げることができれば，言わば大学から企業へのバトンタッチが円滑になり，よりシームレスな「リーダーシップ・パイプライン」を構築することができます。

コーヒーブレイク9：本当のキャリア教育

　キャリア教育が花盛りですが，法政大学の児美川孝一郎先生の著書『キャリア教育のウソ』（ちくまプリマ―新書））によれば，2000年代初頭からキャリア教育の取り組みが一斉に広まっていきました。そこには，①若年雇用問題の深刻化への対処，②大学の生き残り策の道具，③ビジネスのターゲット化，という背景があり，就業や就労だけを焦点にし，また教育課程の"外付け"に過ぎない「狭い」キャリア教育として発展してきました。また本来，社会的な存在である人が，人生の履歴において様々な役割を引き受けながら成長し，社会に貢献し，そのことを「生き方」として自分の中に統合していくための力量形成に資するはずのキャリア教育が，①自己理解系，②職業理解系，③キャリアプラン系，にフォーカスし過ぎる「偏った」キャリア教育に陥ってしまっている現状を児美川先生は憂慮しています（児美川，2013：34-60）。企業の方からも「自分探し症候群」への批判を耳にすることがあります。では，本当のキャリア教育とはどのようなものなのでしょうか。

　2016年度から聖心女子大学で「キャリアデザイン入門」という科目を非常勤講師として担当していますが，「現代社会における「キャリア」をさまざまな観点から考察しながら，仕事や就活にとどまらず自分の「生き方」を考えていくために，キャリアに関する基本的な知識を取得した上で，ディスカッション

やワークを繰り返し，働く人へのインタビューを行い，自問自答しながら，「自分らしい生き方・働き方」の手がかりを得ること」を目標に掲げています。

　第1にテキスト『大学生のためのキャリアデザイン入門』（岩上真珠／大槻奈巳編，有斐閣，2014年）を用いてキャリアに関する知識を習得し，第2に自分自身と向き合い，キャリアについて考え，目指すべき人材像を伝授し，第3にさまざまなレポートや課題を通して学生の視野を広げることを目指しています。授業では毎回席替えして初対面のペアでディスカッションやワークを繰り返し，授業外でもさまざまな小レポートや社会で働く人にインタビューする課題に挑戦しながら，多面的に理解や考えを深めていきます。毎回の小レポートは2つあり，1つ目は「今週の挑戦，今週の失敗，今週の喜怒哀楽」というレポート，2つ目はキャリアやリーダーシップに関する古典などの一説を読んでの感想文です。言わば，行動変容と意識改革を企図したレポートを毎回2枚，計28回提出します。授業では，テキストに加えて，幅広いテーマを扱い，視聴覚教材も活用しながらインタラクティブに進めています（図表9-5）。

図表9-5　「キャリアデザイン入門」で扱う主なテーマ

①学生生活　②自己理解　③コミュニケーション　④チームワーク　⑤リーダーシップ　⑥ライフサイクル　⑦働くとは　⑧キャリア理論　⑨ワーク・ライフ・バランス　⑩企業が求める人材　⑪グローバル人材　⑫ソーシャル人材　⑬ソーシャル人材

　受講した学生からは「ディスカッションで他の人と話し，違う価値観を共有することで，たくさんの視点から物事を捉えられるようになった」「今何をすべきなのか。大学4年間ただ楽しむだけで過ごすばかりの生活ではいけないとわかった」「この授業に出会い自分の人生を見つめることが出来て幸運である」「ペアやグループで話し合うことで物事に対する固定概念が消え，視野が広がった」「毎回人生の奥深さを感じ，大切なことにたくさん気づき，生き方のヒントが得られた」「人として一皮むけたような気がする」「授業のすべてが将来につながっていると感じた」「毎回授業を受けるたびに自分の生き方について考えるようになっているのを実感し，すべてが自分のためになった気がする」「就職活動だけでなく，人生において重要なことを学べた」「本当に受けて良か

ったと思える授業だった」「すべてにおいて意味があり，実になるものだった」
「見聞きすることすべてが初めてで刺激が多かった」「授業外で変化があったと
感じた」「これからの人生をより質の高いものにしていきたい」「課題を通して
自分の考えをしっかり持つことができるようになった」「さまざまな考え方や
生き方を知ることによって視野が広がった」「最初は課題の多さに辟易したが，
課題に取組むことが習慣になると，自分を見つめる時間が増え，とてもために
なる時間になった」という感想が寄せられました。

　もちろん答は1つではありませんが，これからも「生き方」を問いかける真
のキャリア教育を追求していきます。

参考文献

安齋徹，2017年，「女子大学における人材育成の取組み～「未来人材育成モデル」構築
　の試み～」，『NWEC 実践研究』第 7 号，p.76-96，国立女性教育会館

石原直子，2014年，「新人女性を確実にリーダーに育てるシナリオ」，大久保幸夫・石原
　直子『女性が活躍する会社』，p.127-154，日本経済新聞出版社

岩上真珠・大槻奈巳編，2014年，『大学生のためのキャリアデザイン入門』，有斐閣

大槻奈巳，2011年，「いまどんな女性人材が求められているのか」，『NWEC 実践研究』
　第 1 号，p.20-35，国立女性教育会館

金子元久，2012年，「大学教育と学生の成長」，『名古屋高等教育研究』第12号，p.211-
　236，名古屋大学高等研究教育センター

教育再生実行会議，2015年，「これからの時代に求められる資質・能力と，それを培う
　教育，教師の在り方について（第七次提言）」，首相官邸，http://www.kantei.go.jp/
　jp/singi/kyouikusaisei/pdf/dai7_1.pdf，(検索日：2016年 8 月 2 日)

経済産業省経済産業政策局新規産業室，2015年，『生きる力を育む起業家教育のススメ
　小学校・中学校・高等学校における効果的な導入事例』，http://www.meti.go.jp/
　policy/newbusiness/downloadfiles/jireisyu.pdf，(検索日：2016年 8 月 2 日)

児美川孝一郎，2014年『キャリア教育のウソ』，筑摩書房

中央教育審議会，2008年，「学士課程教育の構築に向けて」，文部科学省，http://www.
　mext.go.jp/b_menu/shingi/chukyo/chukyo0/toushin/1217067.htm，(検索日：2016年
　8 月 2 日)

中央教育審議会，2012年，「新たな未来を築くための大学教育の質的転換に向けて～生
　涯学び続け，主体的に考える力を育成する大学へ～（答申）」，文部科学省，http://

www.mext.go.jp/b_menu/shingi/chukyo/chukyo0/toushin/1325047.htm,（検索日：2016年1月27日）。

中央教育審議会，2014年，「新しい時代にふさわしい高大接続の実現に向けた高等学校教育，大学教育，大学入学者選抜の一体的改革について（答申）」，文部科学省，http://www.mext.go.jp/b_menu/shingi/chukyo/chukyo0/toushin/1354191.htm,（検索日：2016年8月2日）

日本経済団体連合会，2016年，「2016年度　新卒採用に関するアンケート調査結果の概要」，https://www.keidanren.or.jp/policy/2016/108_gaiyo.pdf,（検索日：2017年3月12日）

野村総合研究所，2015年，「日本の労働人口の49％が人工知能やロボット等で代替可能に〜601種の職業ごとに，コンピューター技術による代替確率を試算〜」，https://www.nri.com/jp/news/2015/151202_1.aspx,（検索日：2016年8月3日）

白水始，2014年，「新たな学びと評価は日本で可能か」，P. グリフィン，B. マクゴー，E. ケア編　三宅なほみ監訳　益川弘如・望月俊男編訳，『21世紀型スキル　学びと評価の新たなかたち』，p.205-222，北大路書房

第10章

学び続ける

──学びに終わりなし

1. 初期キャリアの課題

　初期キャリアとは，就職活動期から，事業組織に入って何とか「1人立ち」したと評価してもらう時期のことです（上西・川喜多，2010：i）。初期キャリアにおいては，「三年三割問題」と評される早期離職が問題になっています。折角新規大卒で就職したのに，3年のうちに3割が離職してしまっているのです（上西，2010：3）。

　日本能率協会の深代達也氏らは，早期離職が問題化している会社には，仕事の進め方がチーム中心ではなく個人中心であること，時間外労働が多いこと，日常のコミュニケーション・ツールとして直接対話ではなくITツールを用いている傾向が強く，相互に協力し合ったり，励まし合ったりすることが少なく，人間的な関わりが希薄であることが想定される，と指摘しています（深代・馬場・前島，2008：55）。また短い時間で成長実感を求める新入社員の意向と新入社員としてやるべきことを求める会社側の意向はしばしば齟齬と軋轢をもたらすと認識する法政大学の上西先生は，個々の新入社員の資質や能力，価値観より新入社員と職場の上司・先輩との接点に注目しています（上西，2010：11,14）。

　このようにコミュニケーション力があれば，早期離職のリスクを軽減することができます。社会人になって最初の関門は，この初期キャリアをうまく泳ぎ切ることです。

2．ビジネス・スキルの習得

　女性の活躍推進という文脈で社会人材学舎社会人材研究所の白石久喜氏は，初期キャリア（正確には「ジュニア期」という言い方をしています）には，「新しい仕事が次から次へと舞い込む状況が常態になり，業務遂行能力が磨かれる。時には，役割外や分不相応な業務も引き受け失敗する」と述べています（白石，2014：26-27）。

　業務遂行能力の習得が初期キャリアのメイン・テーマであるにもかかわらず，これまで初期キャリアにおけるビジネス・スキルの習得状況を客観的に把握する試みはほとんどされていませんでした。

　そこで，社会人のビジネス・スキルの習得状況を確認するために全国の社会人375名を対象に調査を実施しました（図表10-1）。対象は文系の大学を卒業した全国の会社員375名で2016年2月に株式会社マクロミルを通じてインターネット調査を実施しました（安齋，2017）。

図表10-1　回答者の属性

	男性	女性（共学大学卒）	女性（女子大学卒）	合計
1年目	24	26	11	61
2年目	23	26	20	69
3年目	33	26	15	74
4年目	36	26	17	79
5年目	40	26	26	92
合計	156	130	89	375

　ビジネス・スキルの必要性では，「業務知識・技能」と「コミュニケーション」が1位，2位となり，以下，「タイム・マネジメント」「論理的な思考力」「リーダーシップ」「創造力」「プレゼンテーション」が続きました。習得度も概ね同様の順位でした（図表10-2）。

図表10-2　ビジネス・スキルの必要性と習得度

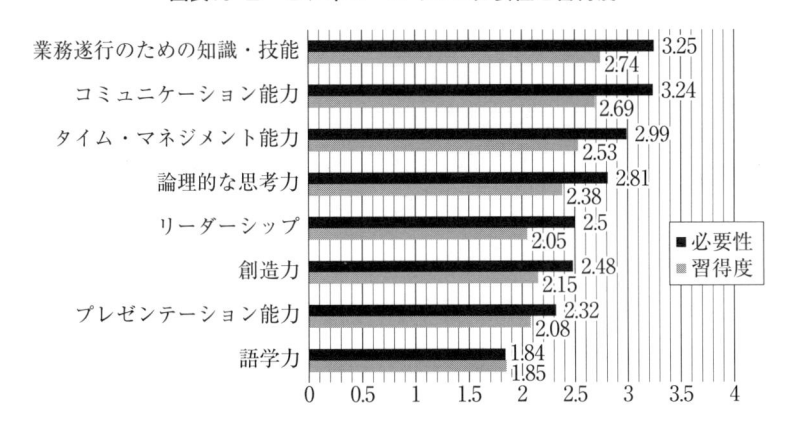

年次別では，「業務知識・技能」は順当に習得しているのに対し，そのほかのスキルは必ずしも年次別に習熟している訳ではありませんでした（図表10-3）。

図表10-3　年次別のビジネス・スキル

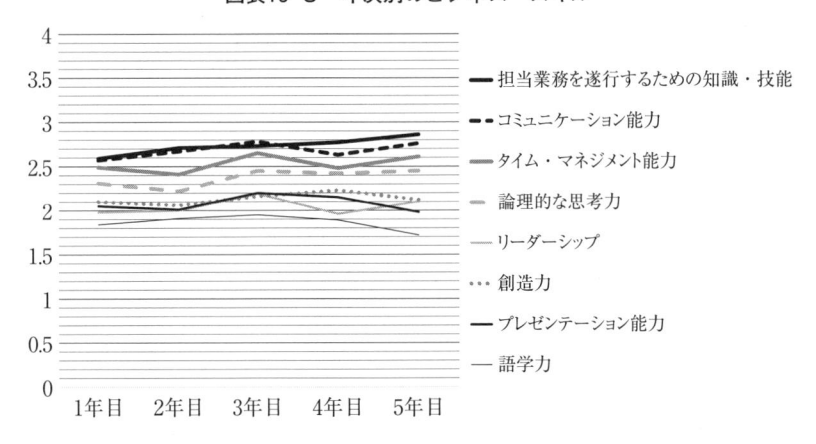

「業務知識・技能」と各々のスキルの相関係数を調べたところ，「業務知識・技能」と「コミュニケーション能力」には高い相関がありました。つまりコミュニケーション力は比較的業務経験を積み重ねる中で習得しうることを示唆しています（図表10-4）。

図表10-4　「業務知識・技能」と各々のビジネス・スキルの相関係数

ビジネス・スキル	相関係数
コミュニケーション能力	0.55
論理的な思考力	0.48
タイム・マネジメント能力	0.48
創造力	0.43
リーダーシップ	0.42
プレゼンテーション能力	0.40
語学力	0.19

　性別・出身大学別にみると，男性は「論理的な思考力」「リーダーシップ」「創造力」「プレゼンテーション能力」，女性は「コミュニケーション能力」が高いと自覚している傾向がありました。女性の中で，女子大学卒業生の方が共学大卒業生よりも「リーダーシップ」「創造力」がやや高いことも注目されます（図表10-5）。

図表10-5　性別・出身大学別の習得度

満点＝4	男性	女性	（共学大学卒）	（女子大学卒）
担当業務を遂行するための知識・技能	2.71	2.77	2.78	2.75
コミュニケーション能力	2.62	2.74	2.73	2.75
タイム・マネジメント能力	2.53	2.54	2.52	2.57
論理的な思考力	2.57	2.24	2.25	2.21
リーダーシップ	2.24	1.91	1.85	2.00
創造力	2.35	2.01	1.98	2.04
プレゼンテーション能力	2.31	1.91	1.91	1.92
語学力	1.88	1.84	1.92	1.72

　こうしたビジネス・スキルをきちんと習得することで社会人生活のスタート・ダッシュを順調に切ることができます。大学生活は初期キャリアの前段階であることを認識し，インターンなどに丸投げするのではなく，教員自らが社

会人として必要なビジネス・スキルの基本を大学教育を通じて身につけさせる
ことが学生のためになるのです。

3．アザレア・セミナー

　卒業生を支える役目も大学が果たすことができます。安齋ゼミナールでは卒
業後も「アザレア・セミナー」と命名したOG勉強会を毎年開催しています
（図表10-6）。初めてゼミの卒業生が出た2014年度は筆者自らが講師となって
「デザイン思考ワークショップ」を行いました。2015年度からはJapan Office
Allianceの鈴木さんと藤さんに講師をお願いしています。「アザレア・セミナ
ー」には現役の学生も参加しますので，社会人となったゼミの先輩から学ぶ貴
重なひとときになっています。また社会人にとっても，同じ社会人との意見交
換や新鮮な眼差しの現役学生との意見交換を通じて，自分を見つめ直す貴重な
機会になっています。

図表10-6　アザレア・セミナーのテーマ

年度	講師	テーマ
2014	安齋徹	デザイン思考ワークショップ
2015	鈴木有希さん	アンガー・マネジメントについて
	藤真由美さん	キャリア・デザインについて
2016	鈴木有希さん	ストレングス・ファインダー入門編
	藤真由美さん	ワーク・ライフ・バランス

参加者からは「久しぶりに学生に戻った気分でディスカッションができ，今

後の社会での生活に良い刺激になった」「普段の仕事では考えたことのないテーマで考え，ディスカッションすることができて良かった」「アザレア・セミナーに参加すると，学び続けることの大切さを毎回感じる。アンテナを高く張って，自分の仕事に向き合っていきたい」「他の業界の OG と話すことや学生の意見を聞くことで，普段仕事に追われる日々の中では気づけないことに気づかされる」「社会人になって，テーマの内容もリアルに感じた。社会人同士の意見交換もためになるし，学生時代とのギャップや今だから学生に伝えられることがあり，良い機会だった」「今後のキャリアに悩んでいたが，社会人の先輩の話を聞けてとても参考になった」「社会人になると会社以外でキャリアを考える機会があまりないので視野が狭くなりがちであったが，現役ゼミ生や社会人の先輩など幅広い方々と意見交換する今回のような機会は自分のキャリアを再考するきっかけやモチベーションの向上につながり，大変刺激になった」「明日から仕事で実行できるものも多く，充実したセミナーだった」「人生の先輩方からのセミナーでやる気がアップする。ワクワクした」「うまくやるコツがわかった気がした」「働き出してから他の人の意見を聞く機会が少ないのでとても有意義な時間だった」「普段仕事ばかりで，自分を振り返ること，スキルアップなど考える時間がないので刺激をもらえる」「実用的な考え方や知識を得ることができて良かった」「普段は一人で考えていることが多いので，OG同士で意見交換できて良かった」「社会人2年目を迎え，悩みが出てきた頃だったので，これまでの働き方などを振り返る機会となり，大変参考になった」という意見が寄せられています。

　社会という「大海」に漕ぎ出し日々「荒波」に揉まれる卒業生が時折立ち寄り，一息ついて栄養補給できる「港」のような存在でありたい念じています。

4．女性のエンパワーメント

　社会で活躍する女性，時として悩める女性をエンパワーすることも大学の重要な責務です。

　筆者は現在，群馬県「ぐんま女性活躍大応援団」「ぐんま女性ネットワーク会議」などのアドバイザーを務めています。「ぐんま女性活躍大応援団」では，

地域のあらゆる分野の団体や企業に応援団として登録してもらい，各々が女性の活躍を応援するメッセージを県のホームページを通じて公表しています。「ぐんま女性ネットワーク会議」は，異なる業種・業態で活躍する女性を構成員として，参加者の資質向上と交流の機会を提供することで，企業や地域のリーダーを育成していく試みです。

　地域の女性を直接エンパワーする機会もいただきました。ぐんま男女共同参画センターでは，「貴方も周囲も幸せにするコミュニケーション術」「創造力がメキメキ伸びる四角い頭を丸くする方法」などと銘打ったセミナーを開催し，コミュニケーション，リーダーシップ，クリエイティビティの基本を，さまざまなワークを織り交ぜながら伝授しました。受講生からは「ただ聞いているだけでなく，話し合ったり，作ったり，動いたり，と楽しく受けることができた」「日常生活やあらゆる場面で活用できる」「ピンチをチャンスに変えられるようになりたい」「小さなことの積み重ねで周囲も自分も幸せにできる」「和気あいあいと楽しむことができた」「たくさんコミュニケーションができて元気が出た」「リーダーシップを発揮して成長していきたいと思った」「新たな視点から物事を考えたり捉えたりするヒントをもらえた」「仕事上で大変役に立つ」という感想が寄せられました。

　前橋市男女共同参画センターでは，「キャリア支援講座」の一環として「想いを伝えるコミュニケーション力」というセミナーを開催し，「コミュニケーションの基本」と「プレゼンテーションの基本」を，ペアやグループでのワークを頻繁に繰り返しながら伝授しました。受講生からは「実践的でとても良かった。今後の生活に活かしていこうと思う」「普段意識していないことを意識的に取り組むことでたくさんの気づきがあった」「言葉ってステキなもの。癒しをもらったり，元気が出たり，コミュニケーション力をもっとつけて人生楽しくなれたらと思った」「先生も気さくで，とても楽しく受講できた」という感想が寄せられました。

　すでに社会に出ている女性をエンパワーするために大学ができることは，まだまだあるのではないかと考えています。「女性の未来に大学ができること」，それは大学の外にもたくさんあるのです。

コーヒーブレイク10：未来の社会をデザインする人に

　ワーク・ライフ・バランスとは何でしょうか。時として，仕事と家庭の調和のように矮小化されることがありますが，筆者は，会社生活・家庭生活・社会生活・学習生活・個人生活という５つの生活の並立・充実を図ることであると考えています。

　実際に働く人に理想と現実を百分率で聞いたところ，現実と理想のGAPでは，会社生活で理想を現実が大きく上回っており，その差を他の４つの生活で埋め合わせていることが明らかになりました（図表10-7）。

図表10-7　ワーク・ライフ・バランス

	会社生活	家庭生活	社会生活	学習生活	自分生活
現実	30.0%	29.8%	6.5%	10.5%	23.2%
理想	23.6%	30.0%	9.6%	12.5%	24.2%
GAP	+6.4%	▲0.2%	▲3.2%	▲2.0%	▲1.1%

出典：安齋徹，2016年，『企業人の社会貢献意識はどう変わったのか』，ミネルヴァ書房

　個人的には，ワーク・ライフ・バランスはカラフル・ライフです。実際に，会社生活＝黒，家庭生活＝赤，社会生活＝緑，学習生活＝紫，自分生活＝青として色分けして５色のペンで日記を書いています。日記がカラフルになることをワーク・ライフ・バランスの理想形として，時折我が身の生活を振り返っています。

　ところで，図表10-7で，もっともGAPが大きいのが，社会生活です。東日本大震災を契機に企業人のボランティアにも脚光が当たるようになりました。しかし，各種の調査を見ると，長期的なトレンドとして，日本人の社会貢献意識が高まっていることを確認することができます（図表10-8）。

　社会貢献を考えるにあたっては，個人と企業と社会の関係性を頭に入れておく必要があります。三者の関係性を図示すると，個人と企業の重なりを「ワーク・ライフ・バランス」，個人と社会の重なりを「ボランティア」，企業と社会の重なりを「企業の社会的責任」と概念的に捉えることができます（図表10-9）。個人と企業と社会の成熟した関係性を模索していくことが現代社会の

図表10-8　社会貢献意識の高まり

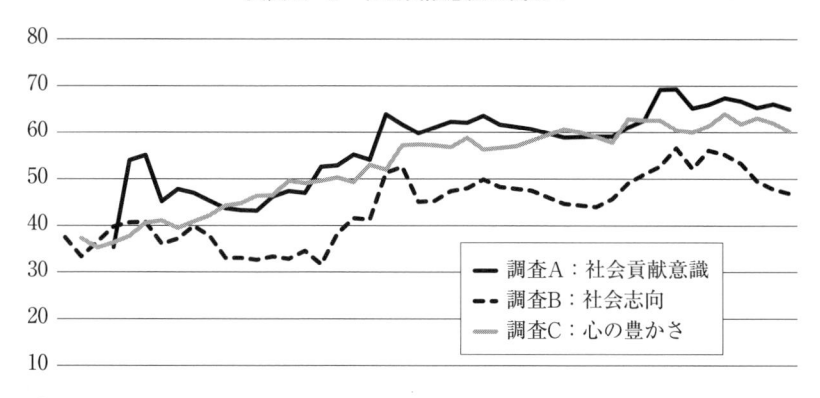

出典：調査A：内閣府大臣官房政府広報室，2016年，「社会意識に関する世論調査」，表4-2
　　　調査B：内閣府大臣官房政府広報室，2016年，「社会意識に関する世論調査」，表3-2
　　　調査C：内閣府大臣官房政府広報室，2016年，「国民生活に関する世論調査」，表19-2

図表10-9　個人と企業と社会の関係性

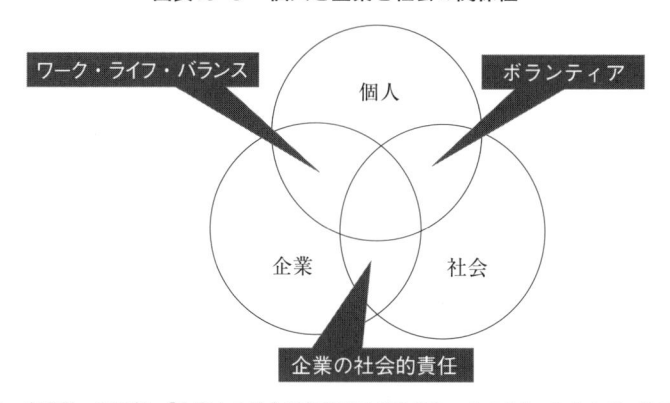

出典：安齋徹，2016年，『企業人の社会貢献意識はどう変わったのか』，ミネルヴァ書房

課題です。社会に羽ばたく学生には，大きな視野でこうした三者の関係も考え
ながら，「未来の社会をデザインする人」として活躍して欲しいと願っていま
す。

参考文献

安齋徹，2016年，『企業人の社会貢献意識はどう変わったのか　社会的責任の自覚と実践』，ミネルヴァ書房

安齋徹，2017年，「社会人のコミュニケーション力の現状〜大学生から社会人にかけての比較分析と初期キャリアにおけるビジネス・スキルの習得〜」，『ビジネス実務論集』第35号，p.25-36，日本ビジネス実務学会

上西充子，2010年，「なにが早期離職をもたらすのか」，上西充子・川喜多喬編『就職活動から一人前の組織人まで　初期キャリアの事例研究』，p.2-50，同友館

上西充子・川喜多喬編『就職活動から一人前の組織人まで　初期キャリアの事例研究』，同友館

白石久喜，2014年，「日本の女性のトップリーダーたちは途切れないアサインと評判によって生まれた」，『Works』第20巻第1号（通巻123号），p.26-27，リクルートワークス研究所

内閣府大臣官房政府広報室，2016年，「社会意識に関する世論調査」，http://survey.gov-online.go.jp/h25/h25-shakai/index.html，（検索日：2017年3月14日）

内閣府大臣官房政府広報室，2016年，「国民生活に関する世論調査」，http://survey.gov-online.go.jp/h28/h28-life/index.html，（検索日：2017年3月14日）

深代達也・馬場裕子・前島裕美，2008年，「メンタルヘルス対策には長期的な職場体質の強化を（組織活性化のためのメンタルヘルス）」，『JMAマネジメントレビュー』第14巻第8号，p.54-59，日本能率協会

おわりに

　閉塞感漂う社会や企業に少しでも風穴を開けられるような元気と勇気のある人材を育成したい。こんな思いで28年間勤めたビジネス界から教育界に身を投じ，5年あまりの月日が経過しました。

　「よくいる企業出身の先生と何か違いますね」と知り合いの先生に指摘されたことがあります。何が違うのだろうかと考えた結果，勝手ながら，実務経験のある大学教員を「蘊蓄型」と「育成型」に分類しています。「蘊蓄型」の教員は，過去の成功体験をひたすら語り，ともすると最新情報の収集を怠り，学生の成長にあまり関心がありません。言わば「教員ファースト」タイプです。「育成型」の教員は，学生の未来のために，試行錯誤を重ねながら，どんどん外から知識や技能を仕入れ，ネットワークを広げ，過去に拘泥せず教育内容を更新し続けます。言わば「学生ファースト」タイプです。後者のような未来志向の「育成型」の大学教員を目指しています。

　「教育はリンゴである」という言葉が大好きです。そのココロは，リンゴの種は数えることができますが，種から実るリンゴの数は数えることができないという意味です。つまり，目の前にいる学生の数は数えることができますが，学生が未来に与える影響は無限大であるということです。目の前にたたずむ学生に向かって語る一言一言は，まだ見ぬ未来に向けたメッセージであるということを肝に銘じています。

　筆者は小さな大学の若輩の一教員に過ぎませんが，①国内外で多彩なビジネス経験を有していること（経験），②研究者としても修士・博士の学位を取得していること（研究），③未来を切り拓く人材を育成することこそが大学教育の使命であるという強い信念を持っていること（信念），④人材育成に関する新たな知識や技法を学ぼうと研鑽を続けていること（研鑽），⑤教育に真剣に取り組み個々の学生を成長させることに情熱を傾けていること（情熱），に特徴があります。こうした「経験」「研究」「信念」「研鑽」「情熱」を（各々不十

分ではありますが）兼ね備えていることに，実は稀少性があるのかもしれないと考え，僭越ながら本書を執筆しました。

28年間のサラリーマン生活，5年あまりの教員生活，働きながらの大学院生活を通じてご指導いただき，お世話になったすべての方々に心から御礼を申し上げます。そして群馬県立女子大学の学生，とりわけ元気で意欲あふれる安齋ゼミの面々に出会わなければ本書は生まれませんでした。過去，現在，そして未来に邂逅するすべての学生一人ひとりの成長と公私の活躍を心から祈っています。

最後になりますが，教育理念に共感いただき，大学論を語り合いながら，「新たな大学教育のあり方を発信する本を出しましょう」と終始励まし続けていただいた樹村房の大塚栄一社長に謝意を表します。

2017年8月　女性の未来にエールを送りながら

安齋　徹

＊　　　　　　＊　　　　　　＊

本書は以下の論文等を基に執筆を行っています。

安齋徹，2013年，「女性リーダー育成に向けた大学教育の挑戦〜女子大学における「ビジネス・リーダー論」という試み〜」，『現代女性とキャリア』第5号，p.57-72，日本女子大学現代女性キャリア研究所

安齋徹，2015年，「女性の活躍を推進する！」，『企業サポートぐんま』第34巻第5号，p.3-6，群馬県産業支援機構

安齋徹，2015年，「女性の活躍推進に向けた大学教育の挑戦〜女子大学におけるゼミナールを通じた人材育成の試み〜」，『女性と文化』第1号，p.107-127，実践女子学園下田歌子研究所

安齋徹，2016年，「大学生のコミュニケーション力の現状と向上への取り組み〜女子大

学における「ビジネス・コミュニケーション」という試み～」,『女性と文化』第2号,
p.52-77, 実践女子学園下田歌子研究所

安齋徹, 2017年,「女子大学における人材育成の取組み～「未来人材育成モデル」構築
の試み～」,『NWEC 実践研究』第7号, 国立女性教育会館

安齋徹, 2017年,「大学生の社会デザイン力の向上～社会連携案件を通じた成果測定の
試み～」,『Social Design Review』第8号, p.1-17, 社会デザイン学会

安齋徹, 2017年,「社会人のコミュニケーション力の現状～大学生から社会人にかけて
の比較分析と初期キャリアにおけるビジネス・スキルの習得～」,『ビジネス実務論集』
第35号, p.25-36, 日本ビジネス実務学会

索引

[著者紹介]

安齋　徹（あんざい・とおる）

　1960年東京都生まれ。1984年一橋大学法学部卒業。2009年立教大学大学院21世紀社会デザイン研究科博士課程前期課程修了，修士（社会デザイン学）。2015年早稲田大学大学院社会科学研究科博士後期課程修了，博士（学術）。1984年〜2012年三菱信託銀行（現三菱 UFJ 信託銀行）株式会社勤務（営業・企画・事務・海外・秘書・人事・研修など様々な業務を経験）。2012年群馬県立女子大学准教授，2016年群馬県立女子大学教授。群馬県立女子大学在勤中に，群馬県「ぐんま女性活躍大応援団実行委員会」「ぐんま女性ネットワーク会議」アドバイザー，「ぐんま輝く女性表彰選考委員会」委員，「Gターン就職促進プロジェクトチーム」座長などを歴任。

　現在，目白大学メディア学部教授。聖心女子大学非常勤講師。社会デザイン学会理事。日本ビジネス実務学会「関東・東北ブロック研究会」サブ・リーダー。独立行政法人国立女性教育会館「男女の初期キャリア形成と活躍推進に関する調査研究」検討委員。一般社団法人日本能率協会「KAIKA Awards」検討委員。

　専門：社会デザイン学，人的資源管理論，女性の活躍推進，ワーク・ライフ・バランスなど

　著書：『企業人の社会貢献意識はどう変わったのか　社会的責任の自覚と実践』（ミネルヴァ書房，2016年）

女性の未来に大学ができること　大学における人材育成の新境地

2018年 5 月28日　初版第 1 刷発行

〈検印省略〉

著　　者 © 安齋　　徹

発行者　　大塚栄一

発行所　株式会社　樹村房
JUSONBO

〒112-0002
東京都文京区小石川5-11-7
電　話　　03-3868-7321
F A X　　03-6801-5202
振　替　　00190-3-93169
http://www.jusonbo.co.jp/

印刷／亜細亜印刷株式会社
製本／有限会社愛千製本所

ISBN978-4-88367-304-9　乱丁・落丁本は小社にてお取り替えいたします。